U0474147

人物篇

文成公主传

迢迢千里吐蕃行
漫漫雪域四十年

《幸福拉萨文库》编委会 编著

西藏人民出版社

图书在版编目（CIP）数据

文成公主传／《幸福拉萨文库》编委会编著. -- 拉萨：西藏人民出版社，2019.6（2021.9 重印）

（幸福拉萨文库）

ISBN 978-7-223-06311-1

Ⅰ．①文… Ⅱ．①幸… Ⅲ．①传记文学－中国－当代 Ⅳ．① I25

中国版本图书馆 CIP 数据核字（2019）第 081841 号

文成公主传

编　　著	《幸福拉萨文库》编委会
责任编辑	计美旺扎
策　　划	计美旺扎
封面设计	颜　森
出版发行	西藏人民出版社（拉萨市林廓北路 20 号）
印　　刷	三河市东兴印刷有限公司
开　　本	710×1040　　1/16
印　　张	15
字　　数	237 千
版　　次	2020 年 6 月第 1 版
印　　次	2021 年 9 月第 2 次印刷
印　　数	10,001-12,000
书　　号	ISBN 978-7-223-06311-1
定　　价	40.00 元

版权所有　翻印必究

（如有印装质量问题，请与出版社发行部联系调换）

发行部联系电话（传真）：0891-6826115

《幸福拉萨文库》编委会

主　　　任	齐　扎　拉	西藏自治区党委副书记、自治区政府主席
	白玛旺堆	西藏自治区党委常委、拉萨市委书记
常务副主任	张　延　清	西藏自治区政府副主席、日喀则市委书记
	果　　果	拉萨市委副书记、市长、城关区委书记
	车　明　怀	西藏社科院原党委书记、副院长
副　主　任	马　新　明	拉萨市委原副书记
	达　　娃	拉萨市委原副书记、市人大常委会主任
	肖　志　刚	拉萨市委副书记
	庄　红　翔	拉萨市委副书记、组织部部长
	袁　训　旺	拉萨市政协主席、经开区党工委书记
	占　　堆	拉萨市委常委、常务副市长
	吴　亚　松	拉萨市委常委、宣传部部长
主　　　编	《幸福拉萨文库》编委会	
执 行 主 编	占　　堆	拉萨市委常委、常务副市长
	吴　亚　松	拉萨市委常委、宣传部部长
副　主　编	范　跃　平	拉萨市委宣传部常务副部长
	龚　大　成	拉萨市委宣传部副部长
	李　文　华	拉萨市委宣传部副部长
	许　佃　兵	拉萨市委宣传部副部长
	拉　　珍	拉萨市委宣传部副部长
	赵　有　鹏	拉萨市委宣传部副部长

委　　员	张春阳	拉萨市委常务副秘书长
	张志文	拉萨市人大常委会副秘书长
	杨年华	拉萨市政府副秘书长
	张　勤	拉萨市政协副主席
	何宗英	西藏社科院原副院长
	格桑益西	西藏社科院原研究员
	蓝国华	西藏社科院科研处处长
	陈　朴	西藏社科院副研究员
	王文令	西藏社科院助理研究员
	阴海燕	西藏社科院助理研究员
	杨　丽	拉萨市委宣传部理论科科长
	其美江才	拉萨市委宣传部宣教科科长
	刘艳苹	拉萨市委宣传部理论科主任科员

前言

千年的祝福

  拉萨布达拉宫无量寿佛殿上，一尊宛若二八少女的度母像已在此护佑千年。

  这尊度母像通体如翡翠般清透，头戴金色五佛宝冠，眉眼细长，朱唇微启，面容慈悲而良善，她就是藏传佛教中的绿度母。

  当拉萨城中老妇人手持转经筒，为自己和家人祈求福泽和平安时，总会第一时间想到绿度母。这不仅因为她身为女性，容易亲近，也不只因为她身负救度他人和去除八种苦难的本领，更因为她的化身文成公主，作为文明与和平的使者，为雪域高原上的百姓输送了源源不断的文化滋养。

  一千三百多年前，一位名为李雪雁的大唐少女奉唐太宗李世民之命远嫁吐蕃。迎接她的，是茫茫未知的西行之路，以及一个素未谋面的男人。

  眼看沿途繁华景致一寸寸沦为荒凉，一个尚未经受世事打磨的少女，虽有释迦牟尼十二岁等身像和念珠作陪，但她该如何抚平自己内心的惊慌，才能说服自己服从命运的安排，将心中的敏感触角一一收回，心甘情愿披上坚韧的铠甲果烈前行？

这位坚强得令人心疼的姑娘，还有一个叫起来无比温暖的名字：文成公主。

命运变幻莫测，而身处其中的人，就像风暴中的小小舢板一样无所适从。只有如玉般通透的人，才能及早为自己的心寻到一方安然静谧之所，用来抵挡那些孤寂的漫漫长夜。因为对儒释道经典的熟稔、自幼礼佛参悟的体验，文成公主很快就把自己从纷杂的情绪中抽离出来，投身到对幸福旅程的期待之中。

命运没有让她的期待落空，她未来的夫君，是吐蕃最伟大的赞普之一——松赞干布。他雄才武略、英气勃发，有着高原男子特有的强悍豪爽，坚毅的目光摄人心魄，也有令人心折的韬略才干，诗书满腹，信手拈来。

人与人关系的深度，从来不以时间作为刻度，互相倾心的人只须一面便会懂得。当文成公主第一次出现在松赞干布面前时，服饰华美惊艳，举止优雅合宜，耀眼得让他心生惭愧。从此，松赞干布的目光就再也没有从她的身上移开过。柏海相会，玉树蜜月，新婚暂别，短暂的相逢和分别让他们相信，他们的结合不仅仅是政治的附庸，而是可以触摸到的幸福。

松赞干布喜不自胜，以布达拉宫作为爱的礼物赠予文成公主，郑重地把她介绍给他的臣民们。藏族百姓毫不吝啬地将手中的哈达、鲜花、酥油茶和青稞酒，连同信仰般清澈的祝福，一并献给这个背井离乡寻找幸福的勇敢女人。

人的心总会被与自身相似的事物吸引，产生共振。文成公主善良正直、虔心念佛，与淳朴而真诚的藏族百姓一见如故。她甘愿倾其所有，将父皇为她准备的丰厚嫁妆与藏族百姓共同分享。

据《西藏王统记》等书记载，文成公主的陪嫁品极其丰盛，包括"释迦佛像，珍宝，金玉书橱，三百六十卷经典。外加各种金玉饰物"，卜筮经典三百种，工技著作六十种，医学著作四种，诊断法五种，涉及生产技术、医药历算、建筑制造、佛经典籍等文化生活的各个层面，还有多种谷物及芜菁种子等。

文成公主不但将堪舆（即风水学）应用到大昭寺、小昭寺的修建中，虔心供奉释迦牟尼等身像，推动佛法在青藏高原的进一步传播，而且把家乡的蚕豆、燕麦、芜菁等作物以及柳树、杨树等植株种在西藏辽阔的土地上，迅速丰富了藏族百姓的餐桌；她参与藏袍的改良，给藏族百姓提供了更多面料和式样的服饰选择；她还参与了拉萨城的规划和设计，行医看病、教人耕作纺织……

松赞干布去世后，文成公主并未回到长安，也未曾改嫁，她选择回到吐蕃文明的发源地山南地区安度余生，将毕生所学都教给了当地的纯朴百姓，只希望他们的生活能不再那么艰难。

文成公主凭借她的双重身份，一直为唐朝与吐蕃的和平和文化交流做着不懈的努力。唐使王玄策在异域陷入困境时，松赞干布大力营救，这与文成公主的斡旋有着直接关系。文成公主在世期间及其后的百年间，唐蕃之间没有发生一次大规模的战争，稳定和平的政治局面为两地提供了经济文化交流的绝佳土壤，来自唐朝和吐蕃的物产、典籍、文书、工艺品等源源不断地相互输送，极大地丰富了两地百姓的物质文化生活。

文成公主去世后，藏族百姓悲恸不已。他们心中满溢的感恩和思念之情不断在心中凝结，催生出了绿度母的形象。藏族百姓把她视作神秘慈悲的活菩萨，日夜祈求着她的护佑。

这个从东土大唐艰难跋涉赶往吐蕃的女人，由此成为整个藏族人民的信仰，支撑着他们内心最为柔韧温暖的部分。

哪怕以今日的眼光来看，文成公主都称得上是一个才情和心胸都相当了不起的女人。她和松赞干布的婚姻被众人祝福，成为和亲题材中欢喜结局的代表；她走过的路，凝为唐蕃古道，几乎成为世世代代内地人入藏的必选之路。她带来的中原佛教、经典、医书、卜筮、蔬菜粮食种子和恢宏的大唐气度，给这处神圣之所以新的蓬勃生机。

斯人已去，如今我们只能在青藏高原的蓝天白云中，在卷帙浩繁的经史典籍中，在幽深漫长的时光隧道中描画她的样貌姿态，触摸她滚烫而热烈的美好心灵。

纵使她已身在一千三百多年之外，历史却没有丝毫冷落她的意思。自她开始，民族团结和人心稳定就成了这片土地颠扑不破的主旋律。

文成公主的一生，其实正是汉藏两族人民和平交往、文化交流的历史；为她立传，也是为汉藏两族人民友好交往、血浓于水的亲情立传。作为奔走于汉藏两族间的和平文化使者，她用柔弱的肩膀肩负起民族团结与文化交流的重任，至今仍然为汉藏两族百姓所传唱和缅怀。

纵然过去多年，文成公主对今人来说，仍然没有损失丝毫人格魅力和温暖，她日夜守候着这片雪域高原，成为汉藏两族百姓心中最为珍贵的永恒印记。

目 录

楔子
追梦

祈盼的力量·002
赞普的希望落空·005
惊诧的松州·007

第一回
断·舍·离

第一章　步辇图中的乾坤

追随者不绝如缕·012
和亲公主的秘密·015
自豪的困境·017
藏族诸葛禄东赞·019
六难求婚使者·021
唐太宗的准驸马·023

第二章　长安古道马迟迟

流动的盛宴与安抚歌·026
蛊惑人心的传说·028
长安，来世再见·030

第二回
邂逅·流连

第三章　与所爱的一切结伴而行

江夏王的护送阵营·034
汉藏一线牵·037

第四章　你眷恋的都将拥抱你

马背上的马嵬坡·040
众僧为她祈福·044

第五章　行走，让眼中储满光华

黄河古渡无人寻·048
镜子，那不是我的错·050
泪做的倒淌河·053

第三回
生死之间

第六章　关于无畏、重生与自由

吐谷浑的蛮荒传说·056
两个女人的惺惺相惜·059

第七章　暗影投不到发光的心上

进击的潜伏者·062
用生命捍卫她的人·065
期待的疗愈·068

第四回
君在我心

第八章　我们都是等待火焰的人

一眼一生·072
身穿吉服的吐蕃女婿·075
温暖的诀别·077

第九章　欢愉有时，静默有时

生命从巴颜喀拉山开启·080
玉树美嫁娘·082
古道上的倩影·085

第五回

姻缘·因缘

第十章　一座城：天真的恩宠

佛到这里不走了·088
典礼上，人心似狂·092
娶到你，我三生有幸·095
绝世宫堡的礼物·098

第十一章　你的一瞬，我的一世

天可汗不是最坚固的堡垒·101
死心塌地的驸马·104
他百毒不侵，除了瘟疫·107
赞普的遗愿·111

第十二章　眷恋：我会把你镶在来生

反穿衣裳的哭泣·115
和丈夫挚爱的一切为伴·118
十年婚姻，太多痕迹·121
忠贞是她的立场·124

第六回
佛心无别

第十三章　一路向内，邂逅初心

公主的供奉·130
修持与解脱·133
慈悲是一种习惯·136

第十四章　爱让这里成为道场

等身像的离奇传说·139
终究还是友谊的馈赠·142
圣像所到之处，佛法必昌盛·146
转山转水转佛塔·150
平息愤怒的智慧·153

第七回
此心安处是吾乡

第十五章　慷慨是一种福祉

星算占卜,是我的天赋·158
尺尊公主骑虎难下·161
大昭寺:山羊的献祭·165
我愿与你们分享所有·169

第十六章　爱是欣赏,亦是改造

藏袍因她而华丽·172
种子丰富了餐桌·175
一城一世界·179

第十七章　他乡和故乡仅一步之遥

心中记挂的是谁·182
唐卡里,满满的是我的思念·186
和睦的温度·190
互市是民族间的对话·193

第八回

生命的渡口

第十八章　与整个世界温暖诀别

死亡的降临·198
告别,生命的常态·201
最后的媒人,最后的光·204
安息在那方土地·208

第十九章　你们的想象让我不太一样

念了一辈子佛,自己竟成了信仰·212
藏族百姓为她着迷了千百年·215

主要参考文献·219

楔子
追 梦

经历背叛和信任的风雨洗礼，雪域高原上的吐蕃百姓终于走出雅砻河谷，开始探索更为辽阔的空间。他们渴求陌生神秘的异域文化，更希望为新生的吐蕃政权注入源源不断的生命活力。年轻的赞普松赞干布对于包容多元的大唐文明尤为向往，634年，当使者冯德遐带着一身温润儒雅的大唐风度款款而来时，整个高原都为之惊艳。

祈盼的力量

1985年，一个静谧的夜，天幕与大地浑然一色。帐篷前篝火哗剥作响，架上的酥油茶沸腾翻滚。女人裹着毡毯，男人手捧青稞酒一饮而尽，面容黝黑的导游绘声绘色地讲起尘封的故事：

一位来自唐朝的贵族女子，在一条荒无人烟的道路上行走了整整两年，纵使风沙不断吹着她华美精致的衣服，打在她柔软细腻的面颊上，她也不曾退缩。后来，凭借进退皆宜的生命哲学，她终于得以在异乡立足，并逐渐被这片土地上的人们接纳和眷顾，留下无数梦幻般的民间故事和动人传说。

从此，这个神秘的东方女人就牢牢地锁住了莫尼卡·格赖芬·冯·鲍里斯夫人的视线。

鲍里斯夫人在1985年与丈夫一同踏上了神秘的东方之旅，一路途经印度、尼泊尔到达西藏，从此沉醉于这个动人心弦的美丽故事，不能自已。

鲍里斯夫人并不是唯一一个为她着迷的人。

千百年来，无数历史学家、文学家、考古学家、地理学家流连于文成公主的故事中，在历史缝隙中探寻尚未被发现的线索，只为更接近她内心的真实世界。

远处帐篷中的炊烟依稀可辨，一座大衙帐拔地而起，如同雄狮一般，让人无法转移视线。大衙帐内，阳光如刀般在帐壁上刻出刚毅的轮廓，一声轻叹传来，这背影显得愈发凝重。

他——松赞干布，吐蕃政权的赞普，十三岁临危受命，十六岁迁都，继而开疆拓土，如今已是青藏高原的霸主。他因仰慕唐朝公主而专遣使臣带着诚意前往长安求婚，却被拒之门外。

松赞干布至今仍记得四年前唐使第一次来到吐蕃时的情景。

唐使冯德遐本是例行公事，却发现眼前这位吐蕃赞普远非他所想象的那样故步自封。松赞干布的开明慷慨打动了冯德遐，他毫无防备地将和亲传统和盘托出。松赞干布含笑望着冯德遐远去的身影，一位唐朝公主就此在他心中扎下了根。

她一定是柔美而大度的，而且像冯德遐一样谈吐优雅、气质不俗。

春日的长安城，柳絮翻飞，温软的和风撩拨着万物拔节生长，昼夜不息。一个闺阁中不知愁的小姑娘眼中闪着玫瑰色的光芒，幻想着自己的爱情和幸福——虽然它们现在还是她心中不可及的绮梦。她的名字叫李雪雁。

唐朝民风开放，骑马、赏花、游园活动中也常常可以见到女性娇美的身影。她们因自由而自足，更能在纷杂的物欲和繁华中保持雍容清醒的仕女风度。

和其他未嫁的姑娘一样，雪雁有着大把的时间和好奇心去领略这个世界的美好。

长安城外，白云漫天舒卷，田野中青葱麦苗露出脑袋，农夫农妇往来耕作，她和丫鬟倩儿坐在小河边，两脚晃来晃去，不禁看得愣了神。

"倩儿，你说我以后的郎君会是个什么模样？"

"小姐的郎君一定是个万里挑一的才子，对了，几次三番来咱们家的那位公子……"

"他可不是我的意中人，我要嫁的人一定要是个真正的男子汉！"

倩儿顿时噤了声。

与太阳的寿命相比，人的一生短如白昼，然而青春岁月的种种曼妙期待，实在太美，就如同太阳一般恒定，温暖着人的一生。

雪雁抚摸着自己过分细腻的面庞，双眼莹莹闪动，她把自己的美梦浸在夕阳的柔光中，看着它在眼前熠熠生辉，幻化成真。路人们看到她，不约而同地放轻脚步，不忍打扰她天真剔透的美。

此时年华所给予她的教益还来不及积淀，然而诗书的熏陶和自幼礼佛的习惯却赋予了她极富穿透力的智慧光芒，使她在尚未褪去纯真心性的同时，幸运地获得了一生受用的通透智慧。

雪雁并不知晓，此刻在万里之外，一个注定一生金戈铁马的男人正因她辗转难眠。

赞普的希望落空

月朗星稀，旷野一望无际。马蹄声笃笃入耳，松赞干布极目远眺，远方的地平线模糊难辨，却又近得仿佛伸手就可以触及。他心中描画的唐朝公主正慢慢清晰，让他动容——那是他从四年前就开始在心中默念的名字。

贞观八年（634年），松赞干布遣使入唐，唐太宗非常高兴，立刻派冯德遐随来使前往吐蕃。当得知周边政权的首领都娶到了唐朝公主时，松赞干布连忙派遣请婚使带着奇珍异宝跟随冯德遐返回唐朝，向唐朝求娶公主。然而，或许是唐太宗当时认为和吐蕃的结交并无必要，或许是唐朝要对吐蕃的诚意进行一番考验，松赞干布的虔诚等待换来的却是对方的无情拒绝。

从十三岁目睹父亲被奸臣毒害，登上赞普之位开始，不动声色就成了松赞干布的习惯。平定父王六臣和母后三臣的叛乱、手刃仇敌、保持各方势力平衡这一系列动作，他做得滴水不漏，拒绝以任何情绪的波动取悦对手。

请婚使回来的消息传遍了整个吐蕃，松赞干布立刻召集众臣，期待着一个激荡人心的答案。松赞干布脸上坚硬的轮廓似乎因为这份期待而变得柔和起来，他迫不及待想要知道唐朝皇帝的答案。

请婚使战战兢兢，他不知道自己该用怎样的方式回答才能减轻赞普的失望，结局早已确定，他能做的就是为这场失败找一个全身而退的理由。

请婚使的回答击碎了松赞干布的美梦，他甚至没有耐心听请婚使将前因后果细细道来。松赞干布愤怒的目光如同一道闪电，仅是稍微触及，就让请婚使和大臣们浑身一颤。

赞普挥着袖子示意大家离开，心中的怒气久久未能平息，而大臣们一边走一边交头接耳地议论着。

"不就是一次求婚失败吗？我们吐蕃的美女数都数不清，那唐朝的公主有什么好，哪里值得赞普为她大动肝火？"老臣琼波·邦色大声说道。

"就是，我看那唐朝皇帝真是有自知之明，是不是担心公主配不上我们赞普才没敢答应啊？"恭顿龇牙打趣，几个大臣附和而笑，没有注意到宝座上松赞干布的脸青如黑铁。

松赞干布孤身一人，背手望着臣子们渐次离开。

与唐朝结亲是松赞干布扩张势力范围进程中至关重要的一步。

平定内乱、迁都逻些之后，年轻的赞普收回了原本就属于他的土地和荣耀，开始把视线投向周边地区。如果能娶得泥婆罗尺尊公主，他的影响力就可以延伸至南部；如果这一次能够娶到唐朝的公主，他不仅能够获得唐朝强大的政治支持，更好地巩固自己的统治，而且通过这一紧密联结，今后可以参与丝绸之路的商贸往来，加强唐蕃之间乃至与东西方地区的经济往来。同时，唐朝开放多元的文化养分也会源源不断地注入新生的吐蕃，这对吐蕃的文明进程和整体实力提升无疑有着不可估量的作用。让松赞干布倍感意外的是，唐朝皇帝连了解他的耐心都没有，便将他拒之门外。

大概是因为求亲这件事被松赞干布赋予了太多的期待，他此刻心中的失落才会如此剧烈，甚至让他怒不可遏。

此刻，唐朝皇帝在松赞干布眼中完全是目光短浅、冷酷而不近人情的形象。

然而，唐太宗的傲慢与偏见并非毫无根据。

经过漫长的休养生息，唐朝元气十足，唐太宗这个被尊为"天可汗"的皇帝对周边政权的殷勤应接不暇。吐蕃居于一隅，并未与唐朝接壤，又在雪域高原中坚守着简单的生活生产方式，没有引起唐太宗的重视也就不足为奇了。

惊诧的松州

沉闷的钟声、鼓声、马蹄声混在号角声中模糊难辨,这一晚松州城外颇不宁静。

松州地处唐朝、吐谷浑和党项交界处,是唐朝军事重镇。从唐朝西南方向的剑南道到达吐谷浑,必先经过松州。贞观二年(628年),唐朝在松州设置都督府,掌管党项以及诸羌羁縻州。此外,松州也是唐朝通往党项的交通要道,唐朝曾在松州城西北三百里处的甘松岭设立通轨军,严密防守随时可能南下的党项军队。可以说,松州正是唐朝西面的天然屏障。

此时,营帐和篝火星罗棋布,不少吐蕃将士敞开衣襟,倒在帐外沉沉睡去,他们在白日中紧皱的眉头在睡梦中渐渐舒展开来。

松赞干布走出灯火通明的大帐,背手踱步,剑眉深锁。要不是因为对他的笃信,这些原本在蓝天白云间欢畅自如的百姓,如今怎会扛着战刀、牵着骏马,跟随自己踏上生死未卜的征程?这一战并非攻城略地,他仅仅想要出一口气,争得一个男人的尊严。

更鼓声此起彼伏,长安皇城外石板街上沸沸扬扬。文臣武将纷纷手持笏板下轿下马,从承天门一路步行,按次序站在太极殿前。

唐太宗环视大殿,目光如炬,开口缓缓说道:"自我大唐安邦定国以来,一直致力于友好邦交。如今吐蕃进犯大唐,必有其理由,但我们不可逞一时之勇,伤及无辜。出兵亦无不可,但只可威慑,不可追击。"

唐太宗能被周边各少数民族尊为"天可汗",自然有其过人的实力和包容的气度。

武德九年(626年),先前反隋如今反唐的梁师都察觉了玄武门之变中高祖父子间的微妙气氛,深感有机可乘,当即游说突厥入侵中原,想从中分得一杯羹。东突厥首领颉利可汗率十万大军取道泾州攻向大唐,当时的泾州守卫罗艺与被杀的太子李建成相交匪浅,只象征性地做些抵抗就予以放行。

面对这种棘手的情况,唐太宗用计将颉利可汗从军队中引出,在渭水便桥杀白马作为约定,成功让其退兵,宁愿为此背负"渭水之辱"的骂名也要保全大唐基业。

此后短短四五年间,东突厥在内乱和自然灾害中不断萎缩而灭亡,在西北地区形成了一个广阔的权力真空地带,唐太宗抓住了这个机会。他不但以结盟、和亲等方式不断软化瓦解西突厥,而且将吐谷浑、白兰、党项等收入囊中。由此,唐朝的国力迅速强盛起来。

这一次,吐蕃一路进犯直至松州,虽是挫伤了唐朝军队在边疆所向披靡的气势,却也激怒了能征善战的帝王心。只是他们想不到,对于松州反击战,唐太宗早就做好了点到即止的准备。

松州城外,星月皎洁,唐朝数万大军正悄无声息地贴地行走。而百里外的营帐中,吐蕃将士睡得正酣,完全没有察觉到来袭者步步紧逼。

树林中突然号角声四起,装备精良的唐军喊杀声震天,《资治通鉴》如此描述这场战争:

"(八月)壬寅,以吏部尚书侯君集为当弥道行军大总管,甲辰,以右领军大将军执失思力为白兰道、左武卫将军牛进达为阔水道、左领军将军(一说右领军将军)刘兰为洮河道行军总管,督步骑五万击之。"

此次出兵,唐军之所以能够奇袭获胜,将帅得力是其中的一个重要原因。侯君集、执失思力两员大将在《新唐书》都有传传世,关于牛进达、刘兰的记载散见于两唐书和《资治通鉴》,两人也绝非等闲之辈。

唐朝士兵作战英勇,有勇有谋,逼得吐蕃士兵节节败退,身经百战的松赞干布早已看出了敌强我弱的局势，不由得暗生钦佩。连忙下令吹响撤兵号角，不再让士兵做无谓的牺牲。他这一战只是为了一个美好的愿望，原本就没有攻城略地的打算。此刻，适可而止是最为明智的选择。

见松赞干布撤军，侯君集、执失思力两位大将也连忙下令停止交战，目送吐蕃军队西去。

对手竟然主动放弃乘胜追击的大好机会，这是松赞干布万万没想到的。

捷报顷刻便可传到千里之外，那个在幕后与自己较量的高手竟然如此冷静自持，兴师动众却只愿蜻蜓点水，这让松赞干布不由得心生波澜：这个唐朝皇帝究竟有着怎样的气量，而这样的皇帝统治下的中原，又会养育出怎样风清月白的女儿呢？

这些问题足以让松赞干布彻夜无眠。

第一回
断·舍·离

　　一位大唐少女尚未从青葱美梦中醒来,命运却已经将重任担在了她的肩上。吐蕃使者禄东赞的智慧令唐太宗叹服,他决定从宗室中选出一位女子嫁往吐蕃,她就是江夏王李道宗之女李雪雁。

第一章　步辇图中的乾坤

追随者不绝如缕

夏日的长安城，随便走出门去，就是一幅画。

长安贵公子尚凯掸去两袖的浮尘，背手走在街上，他的母亲正领着长安城最能说会道的媒人，带着厚礼前往王府。尚凯心想：任凭那雪雁小姐的心是铁打的，看在自己执笔的那封情信和几次三番求婚的诚意上，也会应允的吧！

"什么？还是不行？"

日近正午，尚凯从母亲身边的丫鬟嘴里探听到结果，急得站起身来。王府寿宴时雪雁小姐扮男装骑马，风姿绰约，只一眼，尚凯就确定自己未来的妻子非她不可。她越是带着歉意地拒绝他，他越是跃跃欲试，不愿承认，自始至终只有自己一头热。

尚凯买通王府的一个丫鬟找到倩儿，倩儿见他气度不凡，看起来又不是书呆子，便悄悄把陪同小姐逛花园的时间告诉了他。

日近黄昏，光芒由刺眼转为柔和，尚凯仍在花园中苦苦等候。

"雪雁小姐……"

雪雁正在和倩儿说笑，转身撞见面有焦色的尚凯。

尚凯拱手作揖向雪雁说明来意，但或许因为太希望得到她的认可和肯定，舌头都打了卷。

雪雁全无闺房女子心中的弯弯绕绕，对尚凯直言道："公子今后不必再费心过来了，你我本是各自生长的藤草，又何必相互纠缠？天色已晚，公子请离开吧。"说罢转身就走。

夕阳余晖下，尚凯的嘴还没来得及合上，呆若木鸡。

天边繁星点点，王府内一片寂静。

倩儿坐在花架下摇着扇子乘凉，雪雁的闺房中透出微光，读书是她临睡前必修的功课。

"倩儿，去看看谁这么晚还在吹笛子？"

倩儿循着声音的方向一路小跑，透过院门门缝往外看，只见一个瘦削的身影浸在朗朗月色中，衣袖舒卷、秀目微闭，修长的手指在笛孔上翻飞起落。笛声千回百转、如泣如诉，倩儿不禁暗自感慨：小姐命多好，漂亮聪明，又有翩翩公子夜里为她吹笛诉衷情。

"倩儿，倩儿！"

倩儿倚在门上痴痴地想，忽然听到小姐叫她的名字，正要转身时，笛声戛然而止。

"是倩儿吗？我是尚凯，请帮我把这个带给雪雁小姐。"尚凯情辞恳切。

门缝里塞过来一张信笺，倩儿只好替小姐收下。

倩儿还没进门，就见小姐披衣推门而出，身上洒满淡淡月光。小姐接过信笺，看都不看就放在一旁，拉着倩儿在石阶上坐定。

"小姐，你觉得尚公子怎么样？"

"他的心意我是知道的，可我们不合适。"

"怎么不合适呀？尚公子斯文有礼、能文能武，几次三番来府上提亲，对小姐可是一片痴心呢。"

"他细腻有余、刚勇不足，我表面虽乖巧听话，内心却随性散漫。我们在一起生活，只能给对方带来痛楚。"

"可是小姐，你也会变的啊，或许你有了家庭，就不这样想了呢。"

"或许是吧，我虽信佛，可六根未净，不喜欢那种一潭死水的生活。我渴望每天有好多事情发生，无论欢喜还是难过。我绝不会选择压抑自己心性的生活！"

雪雁一抬头，萦绕在月盘间的云彩渐渐散开。此刻，作为女人，她看到了自己心中那条确定无疑的路：忠于自己的心。对于内心渴望自由的灵魂来说，一生都是不断与命运的诱饵角力的过程。抛掉不必要的虚荣、期待和幻想，爽利地做出选择，生活或许会平顺得多。

两个不谙世事的女子在皎洁的月光下依偎，谈论着别人眼中无关紧要、却仿佛能决定她们一生的小事，彻夜无眠。但此刻的她们并不知晓，自己将会被历史选中，走入黄沙风雪之中，成为传达美好心愿的使者。

和亲公主的秘密

黄沙漫卷,孤雁高飞,远处一队人马影影绰绰,在与中原地带相距甚远的边界线缓缓前行。

车帘轻卷,一张娇嫩的面孔顾盼生姿,清澈如水的眼眸透出欣喜而期待的亮光,偶有忧虑的暗影闪过。眼下的风景一点点地刻入她的脑海,成为永远的记忆。过去的锦衣玉食让她小看了人生的艰难,从今以后,她得学着凭借自己的力量,在陌生的荒原上开垦出充满人情味儿的乐园。

千百年来,多少和亲公主在人迹罕至的荒原上跋涉,命运将她们交付给远方素昧平生的男人。她们行进的车辙、马蹄印,连同那些因离别而来的忧伤、不安的情绪逐渐为时光的流沙所掩埋,在这些荒漠中沉寂,然而她们的名字永远载录在斑驳的史册上,光耀千古。

早在先秦时代,"和亲"一词就已经出现,主要指各诸侯或政治集团巩固双方友好关系的外交活动。《周礼·秋官司寇第五》中说:"象胥:掌蛮、夷、闽、貉、戎、狄之国使,掌传王之言而谕说焉,以和亲之。"

后来,"和亲"渐渐特指联姻活动,不少学者把汉高祖刘邦时期当作中原王朝与周边少数民族和亲的开始,但早在春秋战国时期,一些带有联姻活动的和亲就已经出现。晋献公连娶了四位戎女,东周襄王为了争取狄人的军事力量攻打郑国,也曾娶狄女隗氏为后。

无论在和亲对象、地域范围还是和亲目的方面,唐朝都是空前宽泛的一个时代。贞观十六年（642年），薛延陀可汗夷男来唐求婚，唐太宗出于稳固边疆的考虑，与之和亲。"苟可利之，岂惜一女"，并认定和亲可使"边境足得三十年来无事"。房玄龄等大臣也称："和亲之策，实天下幸甚！"

中国台湾政治大学的林恩显教授将和亲公主按等级分为七种身份：第一等为皇女、皇妹，如唐朝的宁国公主、咸安公主、太和公主；第二等为亲王女，如汉朝的细君公主，北周的千金公主，唐朝的金城公主等；第三等为宗室女，如汉朝的解忧公主、隋朝的义成公主、唐朝的文成公主等；第四等为宗室外甥女，如唐朝的永乐公主、东华公主、固安公主等；第五等为功臣之女，如唐朝的交河公主；第六等为家人子，如汉朝嫁给单于的长公主；第七等为媵女和宫女。

我们可以推断，唐朝的和亲公主多为皇女、宗室女或大臣之女，后来被封为文成公主的李雪雁正是以宗室女的身份远嫁吐蕃，才成就了唐蕃几十年的和平。

身为宗室女，自魏晋时期开始的贵族生活习惯滋养着这个群体先天的优越感，更赋予了李雪雁——这个后来被尊为文成公主的少女宠辱不惊的品格。当豆蔻时节伴随着公主的封号悄然而至时，她双膝着地听着皇帝的旨意，眼神却是一派淡然。

自豪的困境

鼓声震耳欲聋，反复提醒着他们，这或许是他们一生中最重要的时刻。

来自波斯、霍尔、格萨、吐蕃等地的使者紧跟在礼部尚书、江夏王李道宗身后，一个个屏着呼吸跪在大殿之上，连檀木地板的神秘芳香都无法安抚他们焦躁的内心。

禄东赞并不是第一次觐见唐朝皇帝。他早见识过唐朝的宫殿亭台，也领略过饶有趣味的市井生活，对于眼前的一切，他并不像其他人那样惊奇和紧张。但六月骄阳似火，藏袍厚重粗糙，一道道汗水顺着脊背直流，他躬身忍耐着，一动不动。

相对于使者们来说，安坐于龙椅之上的唐太宗显得尤为自在。宫女们簇拥着他轻摇羽扇送凉，他身上绘着龙图案的丝质长袍轻盈飘荡，与头上的便帽相得益彰。

现今的唐朝如日中天，邻近政权慕名纷纷派出使者前来求亲。与唐朝结亲，不仅为了寻求强大的政治庇护或盟友，更是实力和荣耀的象征。虽说吐蕃蒸蒸日上，但在这大殿之上，单凭唇舌之力赢得皇帝的青睐，又是何等艰难。松州一战已经把唐蕃关系逼入诡谲的境地，赞普整夜在营中踱步，才将手中的金笺交给禄东赞，希望他能为自己啃下这块硬骨头。

禄东赞掸平袖上的褶皱，递上金笺，谨慎地回答着皇帝的问题。

"吐蕃使者禄东赞拜见圣上。吐蕃深深仰慕大唐之国力雄厚，政治开明，文化、工艺、科技、服饰物品、典章制度无一不精美雅致，吐蕃民众日夜翘首，盼望迎娶大唐的公主，望陛下恩准。"

唐太宗看过金笺，身体微微后倾，细细打量着眼前人。这使者虽身处卑位，但目不斜视，眼里没有丝毫怯懦。其他使者或抓耳挠腮，或低声细语，或环顾左右而言他，只有禄东赞，始终清晰而直接地表述着自己的来意，不说一句废话。

唐太宗暗暗点头赞许，他熟知兵法和人心，总是能一眼刺穿他人心中隐秘的欲望和恐惧，但他的魔法在眼前人的坦荡和清醒面前仿佛瞬间黯然失色。唐太宗笃信，以柔克刚是颠扑不破的中国式智慧。他突然想要捉弄这个吐蕃使者一下，看他是否如外表一般坚定，难道还有人的心能不为欢愉享乐所动摇吗？他连忙下令设酒开宴，邀请远道而来的使者们观看歌舞表演。

琵琶、箫、笛子等乐器声丝丝缕缕，仕女们落落大方，腰肢柔曼灵动。歌舞虽为娱人之事，她们却也怡然乐在其中。

气氛一下子轻松起来，使者和大臣们把酒言欢，眼神因喜悦而闪烁不定。

唐太宗举杯示意，沉浸在使者们的崇拜和艳羡中，露出满意的神情。他的目光遍及大殿，却突然愕然，只有那个吐蕃使者坐在角落，脸上维持着礼节性的微笑，好像对眼前的一切漫不经心。

唐太宗暗忖，吐蕃派来的使者竟有如此气度，他们的赞普也绝不会是愚蠢之人。早日将公主嫁与他，或许才是明智的选择。否则假以时日，拥有这样眼光智慧的吐蕃足够成为一个可怕的对手，一旦两方起了冲突，遭殃的只能是百姓，而他一生所追求的盛世帝国也将化为浮尘。

唐太宗两眼微眯想得入神，一时间忘了自己正在朝廷之上。

藏族诸葛禄东赞

夜幕低垂，繁华声落尽，唐太宗刚要踱进寝宫，忽然想起什么，叫住李道宗问道："江夏王，那个吐蕃使者叫什么来着？"

"禄东赞。皇上有何吩咐？"李道宗躬身问道。

"没什么，我只是觉得此人不可小视，将来必定大有作为。"唐太宗连连点头，挥手让李道宗退下。

这个看似木讷的吐蕃使者，这个被唐太宗一眼相中的人才，正是被藏族百姓传颂千古的吐蕃大相噶尔·东赞，中原人民称他为禄东赞。

《新唐书·吐蕃传》记载："东赞不知书而性明毅，用兵有节制，吐蕃倚之，遂为强国。"禄东赞所在的时代，尚无统一的文字。禄东赞还不懂文字，但性格坚毅、有勇有谋、精于政事，在军事方面也有突出才华。

作为松赞干布手下得力的四贤臣之一，禄东赞曾进言将吐蕃所辖范围划分为五个"如"，实行军政合一的制度；在土地分配方面，禄东赞也表现出出众的才华，他将土地按贫民、大臣、赞普等身份分为五个等级，逐步完善以土地作为依托的赋税、行政、经济制度，基本奠定了吐蕃政权各项制度的基础。

世间博学多才的人并不少见，良好的环境、经年的心血都可以让知识慢慢堆叠，直至丰厚。然而智慧不然，它讲究触类旁通，在纷杂中迅速剥离干扰，直切事物的要害，只有少数的幸运儿能不单凭经验而获得。与其说它是一种能力，不如说是一种天赋。

松赞干布仿佛看准禄东赞正是拥有这种天赋的人，希望他的智慧能够为吐蕃迎来泥婆罗和唐朝的两位公主。禄东赞凭着锲而不舍的求见和三寸不烂之舌，终于赢得了泥婆罗国王阿穆苏·瓦尔玛的肯定答复，很快，善良聪慧的尺尊公主成了松赞干布的赞蒙。

泥婆罗的牛刀小试让禄东赞信心大增，贞观十四年（640年），唐蕃松州一战的硝烟已慢慢消散，禄东赞奉松赞干布之命再次带着五千两黄金、上百件奇珍异宝和一颗虔诚的心去长安求亲。波斯、霍尔、格萨等地使者百般奉承，皇帝非常受用，可他偏反其道而行之，以淡然之心从容应对。

这一次被"冷遇"，刺痛了唐太宗骄傲的王者之心，却也引起了他的足够重视。

禄东赞用脚下的毡靴摩挲着大殿上地板的纹理，心中一念闪过，赞普派他来唐朝求亲，会不会是他前世在此种下了因缘呢？

此刻的禄东赞还不知道，历史即将把他抛入一幕精彩绝伦的舞台剧，而他在其间的一言一行、一举一动，都会被汉藏百姓镌刻在心，世代传唱。

当时一位眼光、才华颇为不俗的画家阎立本，借画笔巧妙地将这一历史时刻定格，这幅画正是历史上赫赫有名的《步辇图》。

《步辇图》全图横129.6厘米，纵38.5厘米，绢本，现藏于北京故宫博物院，被誉为"中国十大传世名画"之一。画卷右半部分被宫女、侍从簇拥的唐太宗是整个画卷的焦点，他目光深邃、神态庄严，左半部分从左至右依次为译者、禄东赞、典礼官，禄东赞身着杂色相间的藏袍，神态平和，躬身行礼。谦和中正的儒雅气质从来不只是从诗书中得来，若能加上质朴本真的个性，更有令人折服的魅力。

禄东赞，正是这样的儒雅之人。

六难求婚使者

"传波斯、霍尔、格萨、天竺、吐蕃使者入宫！"

两日后，使者们焦心的等待终于有了回应。他们屏住呼吸缓步走入大殿，生怕内心的起伏被别人窥见。

唐太宗不发一言扫视着大殿，空气霎时凝住，他的目光如同幸运转盘的指针，不知会指向哪个幸运儿。

"各位远离故土，为和平友好辛苦奔走，朕不胜感激。但公主出嫁一事，事关百姓福祉。为了公平起见，朕会用六道难题考验大家，谁解答得好，谁就能迎娶我大唐公主！"

使者们眼前皆是一亮，禄东赞默默点头，只与随行的部下们交换了一下眼神，他们便如蓄势待发的箭一般射出去。

第一道难题，是将丝线穿过九曲明珠。大多数使者都是一手拿珠，一手拿线，对着阳光一次次尝试，兴奋声和哀怨声不绝如缕。

禄东赞想，这九曲明珠的孔洞弯弯绕绕，用手穿上一天也未必奏效，必须想想别的办法。正在这时，地板缝中一只艰难爬行的蚂蚁引起了他的注意，他小心地捻起它的身体，将轻如蛛丝的线缠绕在蚂蚁的腰部，又在珠子另一端的小孔里点上一滴甘甜清香的蜂蜜。

禄东赞和使者们围成一圈，不一会儿，蚂蚁果然兴冲冲地向前爬去，只是丝线相对于瘦弱的身体，仍然显得沉重，它只能在入口处挣扎。禄东赞灵机一动，顺着珠孔向里吹气。不知是因为恐惧，还是得益于风的助力，蚂蚁很快就在孔的另一端露出了触角。

禄东赞举起穿着丝线的九曲明珠给大家看，使者们有的拍头，有的羡慕，有的眼中闪着嫉妒，唐太宗微微点头，不禁对这个看似木讷的吐蕃使者刮目相看。

第二、第三道难题与游牧生活息息相关：将一百匹母马和一百匹小马驹混在一起，让使者们准确无误地认出它们的母子关系；让使者们一日之内吃完一百只羊，喝完一百坛酒，揉出一百张羊皮，还要保持房间的整洁。

此次前来求婚的使者中不少都是游牧民族出身，本该处理得游刃有余，可不少使者故作聪明地依照马匹的花色、皮毛和瞳孔等特征进行分辨，甚至还打起赌来，一味夸耀着他们辨识马匹的本领。禄东赞熟知马匹母子相认的自然天性，便将小马驹单独关入栏中，不给它们任何草料和水，第二天再将它们混进母马群中。很快，饥饿难耐的小马驹纷纷奔向自己的母亲喝奶，母子关系立刻明朗——禄东赞再度胜出。

禄东赞与部下又将羊肉切成小块轮流分食、饮酒、揉羊皮，整套程序如齿轮般配合紧密，房间也就不至于变得脏乱。

第四道难题是辨认出两端粗细均匀的木头的根和梢，这对禄东赞来说或许是最为简单的一道题了。他下令将木头投入水中，沉入水中的较重一头为根，浮出水面的较轻一头为梢。

现在只剩下最后两个难题了，不少使者捶胸顿足，充满自责，看来此次迎娶公主是没有希望了，只能看这个聪明的吐蕃使者接下来的表现。

第五道题是辨识出宫的路线。唐宫幽深曲折，房间、小径数不胜数，白日辨认尚且不易，更不要说是晚宴后的夜间了。看着不少使者醉醺醺地一路乱撞，禄东赞暗暗发笑，他来时偷偷带灯照明，以靛蓝和朱红的颜料悄悄地做了标记，想要出宫简直易如反掌。

回到下榻的四方馆，禄东赞难以入眠，敞开窗，月光皎洁，他不由得想到，远在吐蕃的赞普此刻或许也在望着月亮暗暗祈祷吧。

连日来的考验让禄东赞心力交瘁，迎娶唐朝公主只剩一步之遥，他必须铆足劲儿应对最后一道题，交出一份完美的答卷。

唐太宗的准驸马

这边怀抱着为赞普迎娶唐朝公主美梦，禄东赞酣然入眠，可此刻的甘露殿内，灯火一片通明。

唐太宗单手背立，轻摇羽扇，一声三叹。他身后的燕德妃密切注视着他的一举一动。

"那个叫禄东赞的吐蕃使者已经成功破解五道难题了，这最后一题如果被他顺利破解，吐蕃就要娶走我大唐的公主了！"

"陛下，我们身边可不能没有一个可依靠的人啊！"

"朕乃一国之君，岂可信口开河，出尔反尔？"

"妾并非要陛下背信弃义，我们可以从宗室女中挑选一位封为公主，嫁与吐蕃，陛下意下如何？"

唐太宗眉间舒展开来，他贵为天子，为了百姓的福祉一直在大利和小利间运筹帷幄，让亲生女儿留在自己身边是他唯一的私心。可和亲公主事关大唐形象和唐蕃之间的关系，必须是个识得大体、心思通透的人儿才行。

燕德妃低头思忖，忽地抬头，面有喜色道："江夏王李道宗不是有个女儿雪雁吗？听说她琴棋书画样样精通，为人机灵大度，不像别家小姐一般畏缩胆怯，妾以为她算得上最合适的人选。"

长孙皇后离开后，唐太宗的目光便很少在一个女人身上停留太久，却唯独对燕德妃看人的精准眼光深信不疑。因而，他没有丝毫犹豫，即刻召见江夏王李道宗及其女李雪雁入宫册封。

雪雁还没意识到发生了什么，只能任由一大群丫鬟将她围住，有的替她换装，有的给她漱口洁面，有的为她盘起发髻。

雪雁站在铜镜前有些愣神，她平素喜爱穿男装，母亲虽常常把"女为悦己者容"挂在嘴边，却总是由着她的性子来。这次派人给她盛装打扮，一定是有什么重大的事情发生，雪雁心中惴惴，在宫女的带领下走入大殿。

看着眼前衣着、妆容乃至长相都和自己如此相似的一排排女人，雪雁觉得又新奇又有趣，便也煞有其事地站在她们之间，眼睛左右转个不停，听候皇上发落。

日头爬上屋外檐角，一群服装各异、面容黧黑的男子向她们走来，目光紧逼，还一个劲儿地指指点点。雪雁蛾眉微蹙，不知道母亲为什么要她来凑这个热闹。

原来，这正是唐太宗给使者们出的最后一道难题：从三百名年轻美貌的女子中，辨认出真正的公主。使者们与公主素未谋面，哪怕是有着天生敏锐直觉的人，也难免出现差错。

禄东赞此时却一副气定神闲的样子，他早就收买了宫中的心腹，得知向外数第五十个以上、向内数第四十九名有余即是真公主。他走到雪雁面前停下，公主果然如描述中的一般：容颜秀美，身材适中，口齿间有青莲香气，额上有朱砂万字花纹。

雪雁一时慌了神，四下张望，想要在皇帝温厉的目光中寻到答案。

唐太宗走到禄东赞近前，拍着他的肩膀道："吐蕃臣子尚且如此聪睿，吐蕃的赞普岂能是平庸之辈？朕愿将文成公主嫁与你们的赞普！"

禄东赞连忙躬身行礼，心中如释重负。

唐太宗接着说："朕非常欣赏你的才华和眼光，你就不要回吐蕃了，朕封你为右卫大将军，把琅邪公主的外孙女段氏许给你做妻子如何？"

禄东赞虽天赋异禀，可常年在高原地带和战场中磨出的粗豪心性，不懂中原礼节和语言的幽微奥妙之处。唐太宗虽是用了商量的语气，但其内里带着不可辩驳的意味。

"臣在吐蕃早已有了妻室，我和妻子青梅竹马，与她分别于心不忍。虽然陛下恩重如山，可臣真的不忍心抛弃旧妻。况且赞普还没有与公主相见，我等身为请婚的臣子，怎敢娶亲在先？望陛下谅解。"

不弃旧妻，忠于赞普，这真可谓是绝妙的脱身借口。

当时吐蕃婚姻家庭门第观念十分浓厚，禄东赞虽然生于几代为相的噶尔家族，却难以获得与王室联姻的殊荣。这次唐太宗主动提出为他婚配，对于禄东赞来说，无疑是晋身高门贵族的最好机会，他却毫不迟疑地回绝，实在令人匪夷所思。

更何况，当时吐蕃男权思想浓厚，据《新唐书·吐蕃传》记载，吐蕃法中"妇人无及政"的禁令固若金汤，哪怕是尊贵的赞蒙也没有干政的特权。禄东赞应允下这桩亲事，并不如今日一般需要承受舆论压力和道德谴责。

这门婚事于唐太宗而言，或许只是一时兴起，或许只是以婚事为名的变相软禁，以保障公主在唐蕃之间往来的安全，或许真是因禄东赞的出色表现，想要收为己用。我们很难确认唐太宗的内心到底掀起了怎样的波澜，禄东赞当时的心态和考虑也早已没入历史的尘埃不见踪迹。然而他面对实力雄厚的唐朝皇帝时，仍能忠于自己的内心，从始至终不卑不亢，这也实属不易。只是他这时顾不得为自己担忧，因为千里之外一个王者的欣喜，在他眼中的分量，比自己的生命还要重。

第二章　长安古道马迟迟

流动的盛宴与安抚歌

禄东赞委婉的回绝并没有让唐太宗尴尬，他明白这个聪明如冰雪的人自有其分寸和考量，真正让他忧心的，是那个被命运之箭射中的女子。

羽衣翩翩，香气缭绕，大殿上人声鼎沸。

众人一边打量着公主的姿容，一边暗自惋惜如此秀丽的公主即将离开繁花似锦的长安城，踏上茫茫不知所向的旅程。

宫女用托盘一次次端上温好的酒，筵席间莲花灯与烛台相映成趣，仕女们或怀抱琵琶，或手持笛子，舞女们身姿轻盈，水粉和翠绿相间的衣裙随风飘荡，共同为吐蕃娶得唐朝公主而庆祝。

文成公主忽然暴露在众人打探的目光下，不免有些局促。她感到心被一层透明的屏障隔绝开来，周围的欢歌笑语顿时成了哑剧。万千人之中缘何她被选中，远赴千里之外的陌生雪域，那里会有长安的繁华和热闹吗？会有视她为珍宝的人吗？

禄东赞见公主脸上恋恋不舍的神情，心中早已明白大半，便与身边的副使吞弥·桑布扎即兴唱起歌来。《西藏王统记》完整地收录了这段唱词：

> 至奇希有，天人公主，请听我语。吉祥如意，
> 吐蕃藏地，五宝所成。赞普宫中，神作人主。

> 松赞干布，大悲观音，神俊英武，见者钦美。
> 以教治邦，人民奉法，诸臣仆等，悉歌升平，
> 出佛慧日，擎功德灯。山具诸木，土地广博，
> 五谷悉备，兹生无隙。金银铜铁，各宝具有，
> 牛马繁殖，安乐如是，至奇希有，公主垂听。

吐蕃人杰地灵，赞普俊朗豪迈，那里土地广博、物产丰富，草木、五谷、牲畜及各种矿藏应有尽有，人们的行为举止处处合乎礼法，那里是佛法赐福之所，更是深厚福德寄身之地。

禄东赞在长安城的时间并不短暂，也每每为它的新奇多变而惊喜，但他心中始终装着养育他的那片土地。他用尽想到的所有美好词汇描绘它，希望这位即将远嫁的公主打消顾虑，和那片土地从此心心相印。

文成公主听禄东赞动情地歌唱着，歌声中满是对故乡的浓浓情意。他身在异乡，替故乡承受着诸多误解和偏见，却能如此坦然自若地在这大殿之上赞颂它，没有丝毫羞涩。这种浓浓情意让她愿意付出信任，如果吐蕃真如这位吐蕃使者所言的那样，就是在那里生活一辈子又有何不可呢？

她抬眼仔细打量这个从吐蕃来的使者：粗眉深目，脸上刻满沧桑，眸子中正，如孩童般清亮。文成公主对面相学颇为精通，她看得出这样的人内藏丘壑，编织谎言绝非他的本性。

禄东赞对文成公主道："去吐蕃一事我们现在可以开始谋划了，请公主先行回宫休息。"

她矜持地浅浅一笑，遁入后殿，不发一言。

蛊惑人心的传说

吐蕃即将迎娶唐朝公主的消息很快传遍长安的大街小巷。

"这回不知道是哪家的姑娘要出嫁啦！"

"就是就是，皇上哪里肯把自己的亲闺女往那荒郊野岭扔啊！"

"唉，还不都是那个松什么布搞的鬼。据说那吐蕃在万里之外的高原上，天寒地冻，连草都不长，走一个来回，最少得八个月！"

"呦，那么远啊，我可听说啊，那吐蕃人野蛮得很哪……"

不知是谁家的几个仆人，手中抱着新买的绸缎，一路说说笑笑走过王府。

李夫人站在门槛处等待女儿从宫中回来，正巧听到这一番闲话，心中陡生波澜。虽然明白不过是闲言碎语，却恰好暗合她内心的忧虑。

"老爷，夫人，公主回来了！"

李夫人一愣，连忙叫仆人通报书房里的老爷。

公主的轿子缓缓停靠在王府门口，一身华服的文成公主拨开门帘，款步下轿。

王府男男女女数十人齐声呼道："恭贺公主万福金安！"

此刻，母亲受过风寒的膝盖一定钻心地疼，而往日和自己打打闹闹的倩儿也不敢抬头，默不作声地跪在一旁。

望着眼前众人跪拜的场景，雪雁心中突然涌起一阵孤寂。公主的身份在她和至亲的人之间划下了一道深不见底的鸿沟，让她时刻提醒自己，一言一行都要符合高贵、典雅和庄严的规范。她此刻多么希望自己能做回那个王府中无法无天的雪雁姑娘，和大家亲密无间。

文成公主将母亲搀起，母女凝视良久，仿佛突然被某种紧迫所触动，母女二人抱头痛哭。

她的父亲将脸别过去不忍再看，用隐忍的沉默将悲痛封锁在心。

无论在什么样的时代，姻缘都被寄予了太多美好的祝福和心愿。可文成公主此次远嫁，众人却是如此悲痛，这可能与当时流传在唐朝的一些不实传说直接相关。

在当时的唐朝人心中，吐蕃远在万里之外，几乎处于与世隔绝的闭塞状态，高原上寒风凛冽、四季无别，到处是白茫茫的雪山和锋利如刃的山崖，草木不生，满目荒凉。那里的人粗鲁野蛮，没有受过文化风雅的滋养。

然而，此刻的文成公主还不知道，这个传说中的可怖之境，正是后来赋予她无数灵感，让她能够专心念佛的安静深邃之所。

李夫人紧握住女儿的双手，自己的亲生骨肉，既然已被幸运地选为矜贵的公主，就必须以坚忍的姿态主动担起与这幸运相当的人生磨难。李夫人希望这个曾是她女儿的公主，能一如既往地保持耐心，用稚嫩的肩膀扛起自己命运的重量。

长安，来世再见

一个妙龄少女连日来将闺房紧闭，不吃不喝，不言不语，只是默默拨动着手中的佛珠，口中喃喃不已，完全不理会善意窥视的父母和前来捉弄的昔日玩伴。

"正己而不求于人则无怨"，这是她一直铭记的信条。

父皇母妃的期待重若泰山，亲生父母的忧心沉默隐忍。她不想令爱她的人们徒增烦恼，只能把心事交付给心中无上尊贵的佛祖。佛祖陪着她苦思冥想，却没有立即答应她的请求，只默默将她的祷告收入心中。

离开长安城的日子一天天地近了，眼下甜蜜的忧思转眼就会成为刻骨的思念，等待她的将是遥远颠簸的旅程、陌生的异域他乡以及从未谋面却将与自己朝夕与共的陌生男子。而眼下这座厚重古朴、富丽典雅的城池，连同一个叫李雪雁的姑娘，都将以绝美的姿态封印在她的记忆深处。

作为中国历史上建都时间最长、历经朝代最多的都城，以及与雅典、罗马、开罗并肩的世界四大古都之一，古城西安低调得近乎离奇。自公元前11世纪，这座城就已出现文明的印记，远古时代的蓝田猿人、新石器时代掌握陶制作和刻划符号的半坡先民都曾生活在这里，西安也曾依托关中平原坚定厚实的臂膀，托起十几个朝代的兴衰荣辱，在繁华和荒凉的天平上摇摆了一千一百多年。

唐时的西安被称为"长安"，这一称呼来自于汉高祖刘邦。西汉初年，刘邦定都关中，借当地长安乡之名为此命名，寓意为"长治久安"。或许因为它被赋予了太多美好和福分，到了唐朝，这座城已被推上了前所未有的繁荣顶峰。

走在今日的西安城中，我们仍可以窥见这座城池昔日的繁华盛景。文成公主幼时很可能扶着城墙蹒跚学步，因它的粗糙放声大哭，或许还在这里留下过记录身高的痕迹。

一个地区的民风，往往能以最为真实生动的方式展现出此地历史真诚丰富的一面。

西安的民风朴实厚重，如同清澈的深潭，深邃迷人又让人毫无戒心。当代著名作家贾平凹虽然并非西安本土人士，却在此居住了二十多年，他的不少作品如《废都》《老西安》，字字句句都渗出对西安的了解和眷恋。他在《西安这座城》中曾这样勾勒西安的民风："男人们崇尚的是黑与白的色调，女人们则喜欢穿大红大绿的衣裳，质朴大方，悲喜分明。他们少以言辞，多以行动；喜欢沉默，善于思考；崇拜的是智慧，鄙夷的是油滑；又整体雄浑，无琐碎甜腻。"

人心总是喜欢和自己相似的事物。长安与拉萨（时称逻些）相距千里，地势起伏剧烈，然而厚重开放的民风却有如一脉相承。我们不难想象，文成公主入藏时，身上已经深深浸淫着长安城古拙厚重的文化气质，这种气质并未随着旅程的行进而磨折，更不会因在吐蕃度过的漫长时日而消损。

除了日日礼佛、安静自持的习惯，她必是在这片雪域高原找到了某种呼吸与共的东西。朴实豁达的民风、血性柔情的藏族百姓、放眼四海的宏大视野，或许都曾悄悄地在文成公主的心中落脚，给她以心灵的触动，让她在极短的时间内就同这片曾经饱受误解的土地紧紧拥抱在一起，直到佛祖召唤她去往天界为止。

第二回
邂逅·流连

  贞观十五年（641年），年仅十六岁的文成公主踏上了西行之路。对这个勇敢无畏的姑娘，唐太宗颇为欣赏，将珍贵的佛像、经典、医书、绫罗绸缎、五谷蔬菜种子等作为嫁妆赠予她，还以江夏王李道宗、侍卫侍女、工匠艺人组成声势浩大的送亲队伍，陪她消解漫长旅程中的孤寂和思念。

第三章　与所爱的一切结伴而行

江夏王的护送阵营

精致的玉辇在一片纯白中停驻，唐太宗和燕德妃缓步下车，神色庄严。

一匹匹骏马膘肥体壮，不时打着响鼻，守护着身后满载珍宝的大车。玉辇前，人群如潮水般匍匐在地。忽有雪花如羽毛般从高处坠落——这一场雪来得恰当其时。

"众位爱卿平身！"

唐太宗话音未落，就见文成公主裹着厚厚的袍服，伸手擒住那些从天而降的冬使者，笑靥如花般灿烂。

或许出于女人的敏感，燕德妃轻轻走上前，双手合握住文成公主通红的小手，把她交给已成泪人的李夫人。母女互诉衷肠，坦言不舍，在场的人无不潸然泪下，连一向以威严形象示人的唐太宗都红了眼眶。

父亲李道宗早已骑上他最心爱的骏马，默然握紧缰绳，用眼神向文成公主示意。文成公主只好从母亲的怀抱中挣脱出来，走到父亲身边。

告别就在眼下，人群陷入沉寂之中。

那些在秋千架下度过的梦幻般轻盈的少女时代，连同许许多多未完成的遗憾，将一去不复返了。这座被圆润歌声和欢愉面孔围绕的城，就如同精致点心上的糖霜，轻柔易散，从此只能在她的梦中长生不老。文成公主轻轻一叹，刚在车里坐下就急忙掀起车帘，探头向外看。

车轮滚动，积雪被碾得嘎嘎作响，人影逐渐模糊，只剩下暧昧的轮廓。

"小姐，别看了，小心受了风寒。"倩儿心有不舍，她也刚刚强抑着心中的悲伤辞别父母，陪同公主踏上漫漫旅程。

文成公主冲倩儿嫣然一笑，转身拉住她的手，和她并排坐好，一抬头瞥见父亲如墨般凝重的背影，她顿时觉得安下心来。

为了让文成公主顺利入藏，唐太宗的关照可谓事无巨细。除了享用不尽的金银珍宝和绫罗绸缎，他还预备了汉籍经典、佛经、天文历法、植树、工程等方面的大批书籍，各种粮食蔬菜种子以及一尊释迦牟尼十二岁等身像作为文成公主的嫁妆。他之所以选择隆冬季节出行，是因为考虑到唐蕃之间大小河流正处于结冰期，方便大队人马通行。而在选定送亲队伍方面，唐太宗更是良苦用心，亲自选定礼部尚书、江夏王李道宗作为送亲领队，让他带领公主的侍从仆人以及大批文士、乐师和精通耕种制造的农技人员前行。

和亲领队作为唐朝形象的承载者，正确地传达唐皇的美意显得尤为重要。相比之下，与公主关系的亲疏远近倒在其次。作为眼光不凡的君王，唐太宗当然明白这个道理。我们不难推断，李道宗身上必定有着令人心折的过人之处，而这些特质正与皇帝心中的期待不谋而合。

作为唐高祖李渊的侄子、唐太宗的堂弟，李道宗身上几乎有着一个优秀将帅所具备的全部优点。《贞观政要》说他"尤以将略驰名，兼好学，敬慕贤士，动修礼让，太宗并加亲待"。唐太宗对他尤为器重，认为在宗室中，只有大将李孝恭能与之相提并论。早在玄武门之变以前，李道宗就已随唐太宗披荆斩棘。武德五年（622年）李道宗任灵州总管，出兵大败东突厥，八年后又与李靖共同击破东突厥，俘获颉利可汗，立下赫赫战功。

常年征战并没有让李道宗的个性变得干硬无趣，他的体内也同样流淌着文雅而富有情趣的血液。据《武昌府志》《江夏县志》记载，李道宗曾隐居在灵泉山（今湖北省武汉市江夏区龙泉山）的紫萼园，一住就是几年。相传龙泉寺现在仍保存着他亲造的十八公斤铜鼎一口，李道宗还在灵泉寺大门处提下"万云归壑许多曲折其神独远，众水赴溪无数潆洄所见最幽"的对联，文字意境古朴深邃，暗含哲趣，现被收入湖北省图书馆馆藏《灵泉志》抄本。《旧唐书》评价他"晚年颇好学，敬慕贤士，不以地势凌人"，一个灵思敏捷、礼贤下士的鲜活形象呼之欲出。

或许在唐太宗眼中，只有这样一位文武兼备、举止合宜的智慧人物，才足以担当送亲的重任。同时，已为人父的唐太宗深知李道宗心中自有难言之苦，这一路的陪伴于他而言无异于恩赐。而文成公主，这个尚未经历大风大浪的少女，也一定可以从父亲静若深谷的陪伴中大获裨益，以更为豁达开阔的心胸面对一切考验。

汉藏一线牵

对文成公主一行人的进藏路线，历史一直讳莫如深。我们只能循着史书和地理志、地方志中的只言片语，勾勒出这条路线的大体轮廓。长安到逻些这一路地形多变，自然条件复杂多样，公主一行虽人员众多，但所备物资充裕，无须如六百里加急般日日疾行，一路走走停停，慢慢欣赏沿途风景。对于很少出门远行的公主来说，应该是一件新奇大于忧虑的事。

一路上，文成公主时不时掀开车帘的一角。

"小姐，小心风沙迷了眼！"

"无妨。你快看天边的落日，咱们在长安城可看不到这样美的景色呢！"

文成公主向外探头，前方父亲骑马的背影恰巧位于落日中央，像凯旋的勇士，又如远方独行的侠客。她真想把它画下来送给父亲。自上路以来，父亲愈发沉默寡言，鬓间白发一如层林尽染，让她的心猛地揪了一下。

此时的她还没有意识到，她悠然走过的这条路，会化身为赫赫有名的唐蕃古道，福泽荫庇沿途百姓，更作为汉藏两族人民之间友好关系的红线，绵延至今。

如今从西宁到拉萨的陆路交通中，除了被誉为"天路"的青藏铁路，青藏公路也是无法被忽视的存在。行驶在宽阔平坦的柏油马路上，沿途风景如梦幻般纯净，时有牛羊闲庭信步地吃草饮水，偶尔还能撞见成群出没的羚羊、野驴。

但对于一千三百多年前的唐朝人来说，这一段旅程无异于神秘莫测的自然探险。

青春，总是与冲破一切的渴望同时驾到，这个时节的人，对整个世界尚存着无限的想象，又苦于不为成人世界的规则所理解，只得把自己蜷在狭小的角落，感受内心震耳欲聋的咆哮。

公主自小熟读史籍、聪慧灵敏，在学习堪舆时也接触了大量地理知识。她发现从长安至西宁这一段路土质坚实、道路平坦，有些地段的宽度甚至能允许两辆马车并行，这条路距离开辟之初，想必已有不少年头了。

洮河所在地正是唐蕃古道重镇临洮，历史上赫赫有名的"茶马互市"就发生于此。

生活在雪域高原的人们常年以牛羊肉、青稞面为食，长此以往，肠胃难以承受，急需可解除油腻、促进消化的茶叶。古书云："其腥肉之食，非茶不消，青稞之热，非茶不解。"种茶对土壤水源等自然条件都有严格要求，并不适宜在西藏种植，高原的人们只能将目光投向距中原最近的产茶区，用骏马或毛皮换取。

伴随着茶马贸易的日益繁盛，沿路酒肆、客栈、茶舍应运而生。文成公主在路上是否见过茶马互市的盛景，我们已不得而知，但如果有机会见到吐蕃百姓手握茶叶如获至宝的模样，她一定会为自己的故乡深感骄傲。

唐蕃古道开启之初，一时驿站林立，使者、僧侣、商人往来络绎不绝，《全唐文》中称自此"金玉绮绣，问遣往来，道路相望，欢好不绝"。

自唐贞观八年（634年）至唐会昌六年（846年）的二百一十三年中，唐蕃之间互派使臣次数高达一百九十一次，其中唐出使吐蕃六十六次，吐蕃出使唐一百二十五次。使臣队伍少的有数十人，多的有上百人，他们身兼和亲、会盟、献礼、朝贺、报丧、互市等重任，怀着对唐蕃之间的美好愿望，不辞劳苦地常年奔走。

除了紧密联结唐蕃政治、经济、文化等方面的往来，唐蕃古道对当时的唐朝来说，也是长安通往南亚地区的重要干线。王玄策三次出使天竺都途经此路，还专门取道西藏拉萨，前去探望"娘家人"文成公主。贞观二十二年

（648年）王玄策第二次出使西域回国时途经天竺，中天竺国王死，大臣阿罗那顺自立为王。为抢夺天竺国王赠予唐朝的大量珍宝，阿罗那顺当即发兵攻打王玄策。王玄策率领随从三十多人力战，仍然被俘，而后王玄策趁夜逃走，到达吐蕃西部边境，松赞干布派一千二百名精兵予以援助。虽说当时唐蕃交好已是定局，但其中一定少不了文成公主的精心斡旋。玄照、玄太、道方、师子慧等高僧也曾经过唐蕃古道去天竺求法，玄照法师还曾得到文成公主的资助。

当然，这一切都是文成公主在当下无法预料的。

她不会知道，近七十年后，另一位在众人簇拥下远行的妙龄少女，会踏遍她走过的每一寸土地，在这片瑰丽神奇的雪域高原上落地生根，甚至为她建了一座庙以做供养。

她更不会想到，在这条路上途经的所有荒凉，会在此后的两百多年间化为繁华的驿站、集市、寺庙和城市，一如干枯的枝丫焕发生的气息。在商贾云集、互通有无的盛景中，古道渐渐涵养出唐朝恢宏的气度，成为汉藏人民世代友好的光荣见证。

沿途风沙漫天，她娇嫩的脸庞一定被打得生疼。回忆起长安城中安逸富足的生活，她难免会为当时的不知足感到懊恼，许还曾悄声吟诵过隋炀帝《饮马长城窟行》中的诗句，暗自掉落几滴眼泪。

但她始终记得，自己是大唐公主，随行的人儿马儿都因她背井离乡，她必须用自己的坚定和人格魅力，引领他们勇敢前行。而这条绵延了三千多公里、守候了一千三百多年的古路也沾染了公主身上仁慈宽厚、隐忍坚定的品性，一直守候在那里，日夜为沿途淳朴良善的百姓祈求福祉。

第四章　你眷恋的都将拥抱你

马背上的马嵬坡

　　自长安一路往西，道路崎岖，山林环绕。远行的乐趣逐渐被漫长的倦怠所替代，送亲队伍中几乎人人都面带倦色，只有文成公主神采飞扬，兴致丝毫不减。

　　东方才泛起鱼肚白，文成公主便睁开了眼睛，寻找着天边的朝霞。

　　"倩儿，醒醒，我想和父亲一起骑马，去看日出！"

　　"天还没亮呢……"倩儿本来迷迷糊糊，忽然一个激灵坐起来，忙用手去掩公主的嘴道，"现在您可是公主啊！"

　　文成公主并不是皇帝的亲生女儿，这在送亲队伍中并不是秘密，可李夫人临行前苦口婆心地叮嘱倩儿，要她一定随时当心公主的言行举止，当知谨言慎行、防微杜渐的道理。

　　听了倩儿的话，文成公主的眸子暗淡下来，又忽地被什么点亮。

　　"你看这些马走了这么多天，还是这么漂亮！"

　　公主说着把头探出车子，随行的骏马经过一夜休养和充足的食物给养，都是精气十足的模样：昂头长嘶、耳朵耸立，鬃毛顺滑，毛皮闪着诱人的光泽。

　　在世人眼中，马可以算得上是一种坚强智慧、有灵气的高贵动物，在中国古代历史上扮演着非常重要的角色。《资治通鉴》上说："出师之要，全资马力。"《新唐书·兵志·马政》也认为："马者兵之用也。监牧所以蕃马也。"马在古代战争中的重要性不亚于今日的装甲机车。它们与勇士并肩作战、出生入死,喂熟的马就如同主人生死与共的知己,易主或临终时甚至会默然流泪。

在漫长的时光长河中,稳固持守的中原文化与多变开拓的游牧文化始终处于碰撞融合的状态。辽阔的草原、奔驰的骏马,一定曾打动过不少中原人的心,激起他们心中对冒险的渴望。

喜欢马的人,或多或少都会沾染一丝英雄气。汉武帝为一睹汗血宝马的风姿,不惜派出使者奔赴万里之外求得。马上打天下的唐太宗亦是如此,他把陪自己南征北战的六匹骏马雕刻在陵墓前,与自己生死相伴,这便是驰名海外的"昭陵六骏"。他还亲自写下《六马图赞》,赞颂马"入险摧敌,乘危济难"等可贵品质。

文成公主入藏时,适合长途跋涉的骆驼在唐朝还不多见,而牛作为耕田的主要劳力难以征用,马就成为当时远行最为常见的交通工具。我们有理由相信,出于对马的信任和厚爱,唐太宗一定为文成公主准备了大批品质优良的骏马,作为乘人载物的主要依凭。

望着这些默然不语的生灵,文成公主不禁陷入深思。隆冬时节寒风刺骨,坚冰如镜,它们是如何用自身温暖抵抗自然的考验,又是如何身负重物稳扎脚跟,才能保证日行百里甚至千里的速度呢?传说那高原上的人个个都有着马儿一样坚毅沉稳的性格,想必自己未来的夫君也是如此吧!

文成公主眼角带笑地低下头来,微微鼓起的双颊泛起层层红晕,在正升起的朝阳之中隐没,不见踪迹。

马嵬坡下箫声起,惊梦一觉已三更。

大概是劳顿后的酣睡尤为甜美,才就寝不久,文成公主便已跌入梦乡。公主的行帐内一片漆黑,帐外的将士、侍女们也一同被裹进茫茫夜色之中。

忽有箫声惊扰公主的美梦,箫声如泣如诉,悠扬婉转。吹奏者定是内心不乏曲折幽深之人,心有万千无奈之事难以倾吐,便以隐晦绵密的方式诉诸乐曲。

箫声将文成公主从黑暗中惊醒,她掀开门帘,只见帐外一轮月亮高悬,映得雪地如白昼般皎洁。恍惚中有俊朗的面容一掠而过,文成公主忙摸出佛珠,收慑心神,很快便堕入梦乡。

重回梦中,文成公主仿佛看到自己与母亲握手诉说心事。然而她并不知晓,一百余年后的此时此地,会有另一个行经此处的女人,在此将绝望痛饮而尽,甚至以生命祭奠自己的美丽。

马嵬坡,一座被谜题和美丽所围绕的地方,位于今陕西省兴平市西北二十三里处。在马嵬镇的一角,穿过三间仿古式献殿,有墓地蜷于一角,其上以青砖包裹,两块高约三米的墓碑伫立其前,今人从模糊的碑文中还能寻到她的芳名:杨贵妃,她是唐玄宗生前最为宠爱的妃子。

凝脂般的皮肤,摇摇欲坠的牡丹发髻,下颌微收、欲说还休的神态,这座汉白玉雕像完全衬得上美人的绝世之姿。一副"渭水似琴弦满苑奇花含爱恨,莽原如画卷一坡芳草淡云烟"的对联分立雕像两侧,字体遒劲苍凉,仿佛说尽了她烟火般短暂又艳丽的一生。

这个原为唐玄宗之子寿王李瑁妃子的女人,身上一定有着难以被世俗掩盖的天然美丽,竟让垂暮之年的皇帝产生青春的幻觉,从此"后宫佳丽三千人,三千宠爱在一身"。

只是美梦易碎更易醒,天宝十四年(755年),安史之乱爆发。唐玄宗仓皇出逃,他顾不得大把的珍宝玩物和绫罗绸缎,只把他最心爱的女人——杨贵妃带在身边。众人行至马嵬坡时,随行将士将这场混乱的始作俑者归于杨氏一族,纷纷倒戈相向。杨贵妃的哥哥杨国忠的死并没有平息将士们的愤怒,他们要求杨贵妃自缢,以命作偿。

杨贵妃和文成公主在她们各自的时代中,都有着自己的一份身不由己,但命运却如此天差地别,让人不禁唏嘘:命运自有吊诡之处,然而人的命运终究还是自己一步步走出来的。

文成公主走过马嵬坡时,它还没有被历史和传说浓墨重彩地渲染过。哪怕少女情怀带着丝丝苦涩和怅然,却也容易因微小的事物而内心雀跃、脚步轻盈吧。

当她再度醒来时，明媚的阳光已将大地的寒冷驱散大半，也同时将她心中的忧思一并抹去。遥远的路程刚刚开始，只要一路有安详静谧的佛祖相伴，苦痛应该很快就会过去吧！

听到倩儿的呼唤，文成公主起身梳洗打扮，稍稍欠身拉开幔帘，又随着摇摇晃晃的马车睡着了。

众僧为她祈福

公主精致的皇家玉辇在法门寺停驻时,斑驳古旧的寺门轰然大开。

法门寺上千僧众,无论长幼,都在寺门通往佛殿的长路上排成两列,神情肃穆。他们早就听闻文成公主远道而来的消息,在此恭候多时。

法门寺始建于东汉桓灵年间,原名"阿育王寺"。据传,公元前3世纪阿育王统一印度,为弘扬佛法,曾将佛的舍利分成八万四千份送往各处,建塔供奉法门寺就是其中一处。历经十六国、南北朝时期的禁佛运动和隋时大火,法门寺宝塔已是伤痕累累,但那些虔诚的信徒仍用信仰一次次将它重建。唐贞观五年(631年),刺史张德亮在塔基上建成四层高的望云殿,这应该就是文成公主经过之时法门寺的样子。

文成公主轻移莲步走进佛寺,仪容庄重沉静。纵使公主一改一副小女孩无心机的模样,身边的随从、侍女们也毫不惊讶,他们虽不是个个信佛,但也都跟随双手合十以示尊重。

望着这些慈眉善目的面孔,文成公主不由得热泪盈眶,这些与佛终日相伴的人仿佛也沾染了佛祖慈悲为怀的品性,他们的目光在纷繁人世中穿过,却不带走任何东西。那一份通透的沉默与淡然,让她因远行而起伏不定的心得到深深的宽慰。

法门寺的僧人们为文成公主做了整整三天的祈福道场。对这位笃信佛教、又即将远嫁的公主,他们有一种说不出的亲切之感。他们只好把忧心化为口中的经文,相信心诚则灵,福泽定会厚爱那些勇敢接受命运考验的人。

祈福道场上,寺院住持双手颤抖地捧出佛指舍利。它一向被佛教徒奉为至宝，从不轻易示人。住持这一举动背后的原因我们已不得而知，与其相信他是迫于公主的皇家身份，我们更愿意相信他为文成公主虔诚的心所打动。

见舍利即见佛祖真身，对于文成公主来说，这无异于从天而降的神迹。

对今人来说，瞻仰这枚佛指真身舍利尚且并非易事，更不要说在等级森严、佛法为重的唐朝了。民间口耳相传，文成公主曾在法门寺礼佛三天，焚香祈祷，亲眼见过这枚在当时被奉为至宝的佛骨，所言应该并非虚妄。陕西师范大学王双怀教授曾在论文中指出："因为和亲的队伍很庞大，人数非常多，携带的东西也很多。按照当时的出征速度，他们一天差不多就行五十里，文成公主从长安出发，他们走的每一站都是经过精心安排的。到法门寺大概要五六天时间，在法门寺歇息、礼佛三天也是可能的。"

手捧佛指舍利，文成公主仿佛看见那位人间圣者释迦牟尼，带着深邃忧郁的双眼和普度众生的胸怀重现人间。

从未领略过的人世沧桑无常，对家乡的思念、行程的枯燥、未来茫然无知的结局，这些都足以击垮一个涉世未深的少女的脆弱内心。但她心中更加清楚，人更应该依靠自身的力量，不断锤炼自己的心智和勇气，才能时刻保持独立清醒，在茫茫如草原般的生命中，稳稳握住命运的缰绳。

在扶风法门寺休整三天后，文成公主的送亲队伍再一次踏上西行的路程，一路经秦州、狄道到达临夏。行经永靖县西北三十五公里处的小积石山时，层峦叠翠，山峰如削。黄河从西南方向滚滚而来，到此急流直转，巨浪响彻云霄。

山间绿树遮天蔽日，在层层掩映的密林之间，一条贯通两山的大寺沟若隐若现，西岸有古寺檐若飞翼，如大鹏展翅，御风而行，有石窟群，这就是炳灵寺。

这座被万人称颂的古寺始建于东晋十六国，历经北魏、西魏、北周、隋、唐、宋、元、明、清代，至今已有近一千六百年的历史，比敦煌莫高窟的开凿早了近一百年。即便在文成公主到达此地时，它也已然是一位饱经忧患的老人，早将佛教在中国大地上的兴衰起伏尽收眼底。

作为唐蕃古道和丝绸之路的交会点，炳灵寺与吐蕃、吐谷浑、唐朝之间有着千丝万缕的联系。西北师范大学教授、敦煌学研究所所长李并成先生曾在《炳灵寺若干重要史实钩沉》一文中提出："考之炳灵寺一带的地理位置，坐落在青藏高原和黄土高原的过渡地带，亦为我国主要的农耕区与畜牧区的过渡带，历史上又是汉族与羌、匈奴、吐谷浑、吐蕃、党项等民族、部族的杂居交融地带，且襟山带河，具有重要的交通和军事地位。尤为重要的是其地恰处于丝绸之路东段五条主要干线交会的枢纽之地，该寺与丝绸之路的息息关系由此可见。"

唐朝以前，统治者对佛教的态度并不坚定，炳灵寺的香火也一直处于时明时暗的摇摆状态。

当文成公主一行人经过此地时，唐朝正是一幅蒸蒸日上的图景：国力强盛，经济文化繁荣，在佛教方面也表现出惊人的开明和尊崇。伴随着唐朝的兴盛和繁荣，炳灵寺也进入佛教艺术文明发展的巅峰时期。炳灵寺石窟现存窟龛二百一十六个，其中造像八百一十五尊、佛塔五十六座、壁画一千多米、馆藏文物三百五十四件，分为下寺、洞沟、上寺三区。

唐太宗为追念英勇牺牲的将士，曾下诏书为他们建寺立庙，兴窟造像的风气盛极一时，其中仅下寺一区，唐代开凿的窟龛就有一百三十多个，超过下寺现存窟龛总数的三分之二。

相传文成公主曾在上寺的一个洞窟休息、礼佛。该洞窟距地面四十米处，沿路山势陡峭，木制栈道和一人宽的之字悬梯垂下，公主一步步向上攀爬时，心中也一定非常恐惧，但当她在寺中发现这些被世人遗忘的瑰宝时，眼中一定大放异彩。

文成公主暂居的洞窟，正是现在炳灵寺中最有名的169窟，又称天桥南洞。无论从规模、内容还是年代方面，169窟都堪称炳灵寺龛窟的集大成者。一尊高二十多米的大佛坐于窟内，上身服饰汉式，下身为藏式，线条简洁明快，刀法细腻圆融，相传正是公主命随行的巧手工匠所造。

相对于其他壁龛中恬静安详的容颜而言，这尊大佛双眼微眯，眉头微蹙，看起来满腹心事的样子。

在这尊大佛雕成之后，文成公主一定曾双手合十，顶礼膜拜，再与其悄声告别。对于公主来说，哪里有佛的踪迹，哪里就不会荒凉孤寂，佛已经成了她漫漫旅程中不可替代的精神寄托。

炳灵寺大佛望着公主离去的背影，仿佛心中充满了忧虑，是心疼公主年纪轻轻就要背井离乡、面对人生的考验呢，还是在冥冥之中预见了什么不可扭转的结局、为她深深担忧呢？它原本不过是崖间斑驳的石头，是公主赋予了它灵性和生命，但它却什么都不能为她做，只能远远看着她一路西去消失在黄河古渡头。

第五章　行走，让眼中储满光华

黄河古渡无人寻

炳灵寺大佛忧郁的注视并没有让文成公主停下西行的脚步，她怕自己一回头，就会被漫长的思念和孤寂吞噬。

自长安出发，沿途道路宽阔、驿站繁多，文成公主一行受到各地官员和百姓的盛情接待，旅途想必该是新奇而充实的。

刚过临洮，文成公主就感到了浓浓的边塞气息。众人行至积石山、永靖一带，一条冰封的大河如轻柔丝缎蒙住了公主眺望的目光。这条大河挟着青藏高原亿万年消融的冰雪，与湟水、大通河、洮河、大夏河等河流相互融合，流经黄土高原时，清澈水流冲击速度逐渐放缓，泥沙大量沉积，一路浩浩荡荡向东奔涌入海，故名"黄河"。每年春秋时节黄河化身黄色巨龙，水势暴涨，惊声如雷，甚至将两岸的良田村子一并吞下，成为青藏高原、河陇和中原地区一道难以逾越的天险。

对于今人来说，横渡黄河都是非常艰难的事，更不要说一千多年前的古人了。古人渡黄河一般有两种方法：一种是将几张完整的羊皮晾干涂油，捆扎四蹄并充气，制作成羊皮筏子；另一种则是等数九寒天河面结冰，直接从冰上走过。相比较而言，后者更加便捷也更为安全，文成公主一行人采取的就是这种方法。

但无论采用哪种方法渡河，渡口的选择都是至关重要的。聪慧的古人很早就认识到，渡河架桥，地势平坦开阔无激流险滩、位置四通八达的地方是最好的选择。在黄河上游地区古人已开辟的大量渡口中，有文字可载的就有临津渡、金城渡、五佛渡、灵武渡等多处。

在这些古渡中，临津渡年代最为久远，也最负盛名。从西汉至隋朝的八百年间，临津渡一直是渡黄河的首选渡口。

汉元狩二年（前121年），霍去病"将万骑出陇西"，两次大破匈奴，将河西地区收归于汉朝。如此庞大的队伍是如何在无船无桥的情况下渡过黄河的呢？一本兰州军区编印的《西北历代战争汇编》详细描绘了霍去病的第一次出兵路线：从支流尚未汇入水势平缓的临津渡过黄河，沿大通河谷、扁都口过祁连山到达河西，"来去六日，驰骋数千里，如狂飙突进"。

隋大业五年（609年），隋炀帝西巡，其路线也与霍去病的征战之路不谋而合，《资治通鉴》记载，隋炀帝"西巡河右，四月，至临津关，渡黄河至西平"。

我们不难推断，隋炀帝西巡三十多年后，文成公主一行也一定从临津关渡黄河进入青海，一路经民和、乐都到达西宁，这与今日所考唐蕃古道的路线正好吻合。

数九寒冬的时节，来路和去路皆是一片纯白，一条冰封的巨龙沉睡不醒，却仍让人想到它往日的暴烈，文成公主或许曾小心地踏着足下透明的大地，或许看见一两尾在深水中蛰伏的小鱼，她或许会忽然想起自家花园中柳叶滴翠、游鱼欢游的场景，然后幡然醒悟，自己是真的离开那个浪费过无数光阴、能包容她一切的美好地方了。就算心中的思念再浓，浓得足以冲破眼眶，最后不也会归为一片冷寂吗？文成公主抬眼远望，远山和天空在冰面尽头模糊难辨。

镜子，那不是我的错

从鄯州最西端的河源军所，再行两百里到达赤岭，就是唐朝西北方向的边界线了。那些一路上任劳任怨的马儿似乎看出文成公主心中的眷恋，集体在赤岭下停驻，悠闲地吃起了草。

经由一路的颠簸，李道宗的脸已被晒成古铜色，声音也嘶哑起来。这个从生死战役中倔强穿行的血性男儿，把自己不多的耐心都给了他最心爱的女儿。他明知皇帝之命不可违，但仍希望尽可能地延长和女儿相处的时间，更好地把她的模样烙在脑海中。

颠簸中的文成公主睡眼惺忪，忽然听到父亲的说话声，忙掀开车帘张望，头上发髻有些散乱，别有一番天真的娇媚。

"倩儿，咱们下去看看吧！别忘了把父皇给我的宝镜拿出来，我看看灵不灵验！"

倩儿含糊应允着，一边打着哈欠，一边帮助公主穿戴整齐，扶她走下马车。

暮色将至，一条赤红色山脉伏地而起，渐渐融入天边层云尽染的晚霞之中，不见边界。

文成公主立于高处，眸子里一片流光溢彩，握着宝镜的手掌有汗珠层层沁出，临别前的场景再次闯进她的心房：

"我儿文成，朕一直把你当作亲生女儿对待。可在所有宗室女之中，你的心智最为成熟坚定，担此重任非你莫属。朕以为不该把你困在金丝做的鸟笼之中,你总有一天会明白这份苦心。"

"父皇,此去路途艰险漫长,吐蕃恐是蛮荒之所,到时文成就是流干眼泪,断然也是难回故乡了……"文成公主眼睑低垂,睫毛如蝴蝶般扑闪着,在脸上投下沉重的阴影。

一旁的燕德妃心有不忍,和皇帝交换眼神后,转身拿出一个妆盒,将一面雕刻精美的铜镜放在她手上,轻声抚着她的背说道:"文成,这面宝镜你好好收着,到了吐蕃那地界儿,什么时候想家了就拿出来看看,长安城街头巷尾的繁华可都装在里面了。"

"谢……父皇……恩典……"文成声音哽咽着,但心已有大半落地。

赤岭因"土石皆赤,赤地无毛"得名,是中原通向西北、西南地区的重要关口,此处世代流传着"交马赤岭"的说法,中原和周边政权使者想要踏入对方地域,必须换成对方的马才行。唐武德二年(619年),唐朝在鄯州、廓州置刺史。次年,唐与吐谷浑达成互市协议,著名的"赤岭互市"就发生在此,从此"青海骢""河曲马"在中原屡见不鲜,双方商贸往来络绎不绝。

想到从此异域的寒冷只能独自抵御,再也没有可供投靠的温暖怀抱,文成公主不禁合臂紧抱铜镜。她手中的铜镜手柄已被磨得发亮,但她知道,只要它在,故乡就从不离去。

未知的东西总会让人心生恐惧,无法消解。望着赤岭的另一端的神秘地域,谁也不知道那里潜藏着什么样的秘密,哪些会让她欣喜,哪些会让她心痛。

铜镜就在眼前,怂恿着她,只看一眼就足以让她拥有充裕的勇气和信心走进太阳下落的地方。可就在这时,心中另一个声音猛然响起:离开就是离开,不要再自欺欺人了。即便看了,也已经回不去了。

文成公主把目光投向苍茫的云海之间,她在模糊中仿佛看见一个踽踽独行的身影。

北魏熙平三年(518年)一位叫宋云的僧人奉朝廷之命,踏上西行求法的路程。他一路经陕西、甘肃、青海，中途曾在赤岭地区做过短暂停留。四年后，宋云将一百七十部大乘佛经带回中土，也同时带回了他在枯燥旅途中的行程记录和沿途风貌。只可惜现今纸稿已经全部遗失，后人只能从同时代杨衒之的《洛阳伽蓝记》中寻得只言片语。

纵使自己的行迹会被埋入滚滚黄沙中消失不见，他也一样会义无反顾地踏上旅程吧！一心行走的人，在乎的从来都不是可供夸耀于世的虚荣，而是旅程在心中留下的印迹。

文成公主心想，就让我再看一次故乡的模样吧，从此绝不回头！她紧盯着宝镜，晃了又晃，却只看到自己因思念和劳顿憔悴的脸庞，不由得眉头一蹙，扬手将宝镜丢入深谷之中，身边人皆是一惊。

李道宗眉头紧皱，旋即舒展开来。身为大唐的子民，当与命运的转折狭路相逢时，总得有壮士断腕的气魄，才不负这繁华盛世。他以为女儿已经放下了心中的眷恋，感到心中一阵笃定的温暖。女儿没有让他失望，纵然她现在心生烦恼，也一定会很快挣脱绮丽的梦幻，回归妥帖的现实。

关于这枚宝镜的神奇之处，历史上并没有详细记载，只有版本各异的传说散落民间。一说宝镜根本不灵验，只是燕德妃安抚文成公主的定心丸；另一说认为，宝镜本是灵验的，李道宗为坚定公主的意志，以假换真所致。

故事的后半段更为传奇，宝镜被摔成两半后落在地面，就在这一瞬间，两座气势雄伟的高山拔地而起。东面镜中映着落日余晖，成为日山；北面镜中新月初生，成为月山。或许因为沾染了公主的品性，赤岭从此有了一个叫起来无限温柔的名字：日月山。

父亲一改往日肃穆威严的形象，他的眼底掠过一丝心疼。文成公主一下便捕捉到了这目光中的信息，不由得心生暖意。从此在一位柔弱少女的心中迸发出如铁般的坚毅，留给故乡的就只能是背影。此时此刻，她早已做了最坏的心理准备，哪怕此后的日子寂寞如雪，也必得以坚强的态度应对。只是她还不知道，在不远的前方会有另一个让她心生暖意的人，以炽热的姿态欢迎她的到来。

泪做的倒淌河

雾如轻纱，飞鸟倦归，刚刚在赤岭换过骏马，这些体形健硕、性情温顺的生灵，对高原奇诡多变的地形地貌驾轻就熟。不足一日，唐朝边界在公主眼里，就只剩天边一抹若隐若现的红色。

一个年仅二八的如花少女在永别故土之际，仍持守着令人心疼的冷静。即便这个少女个性再早熟稳妥，在和家乡永别之际，也绝不可能无动于衷。

只是史册总会利落地砍去感情的痴缠，呈给世人难以辩驳的事实，却从不肯给后人多一丝的温柔期待。可只要一生中有过在异乡停留的际遇，任何人都会深深地被这种孤独击中，绝无例外。

文成公主在马车中正襟危坐，两手紧紧合握，离长安城越远，城中的往事就越发清晰。第一次因放风筝喜不自胜，第一次换男装打马球，第一次因被责骂委屈痛哭，这些美好而细碎的情节一遍遍在脑海中回放，不断让她想起那个朴实无华的自己，回忆起那样肆意欢笑的时光。

耳边忽地响起潺潺的流水声，和长安城郊外听到的一模一样，难道这一场西行只是幻梦，自己一直从未离开过长安城吗？

文成公主迫不及待地掀开帘子向外张望，眼前是一派清流急淌的景象，更为离奇的是，这条河竟然是从东向西流淌的！

我国总体地势西高东低，受这一地形影响，河流多为从西向东的流向。因而在文成公主的观念中，河流从西向东流淌天经地义，如今乍一见这倒淌着的河，自然大吃一惊。

眼前的这条河像是桀骜的少女，带着新鲜气息扑面而来。它欢快地跳过大小石子和水草的缠绕，我行我素地流淌着。

凡是与告别相关的，总会让人心生忧伤。眼前不再是平原开阔、禾苗青青的景象了，取而代之的是如天空般辽远的草原和厚重如积的白云。一股浓郁的酸楚从鼻子中升腾而起，文成公主仿佛看到自己扔掉头上沉甸甸的发饰，脱掉一层又一层棉袍，一身单衣奔向自己心心念念的大唐，头也不回。

滚烫的泪水像断了线的珠子般汇入倔强的水流之中，仿佛要将文成公主的思念一并带走。

日月山以东的人们仿佛对这个远赴异乡的公主无比厚爱，他们用能想到的最美辞藻还原她的美好，为她谱写出一部部曲折而富有人情味儿的动人传说。

传说世间本无倒淌河，公主过日月山摔碎宝镜后不到一日，见到原先熟悉的良田美景瞬间为陌生的草原景象所替代，无法抑制住思念的悲伤，不由得放声痛哭，眼泪逐渐汇聚成了清澈见底的倒淌河；而在日月山以西的藏族神话中，龙王派四个儿女造海，最小的女儿造西海需一百零八条河，最后一条却怎么都找不到，紧急之中她从日月山牵来一条倒着流的河水，是为倒淌河；还有人说，倒淌河是龙王的一条倒着生长的须变成的。

传说的时代已经走远，地质学家对此却另有一番见解。几亿年前，青藏高原还是一片汪洋大海，地壳运动后成为年轻的高原。发源于日月山西麓察汗草原的河流与布哈河、罗汉堂河一同东流，汇入黄河，并与青海湖相连通。在一次强烈的造山运动中，日月山隆起，布哈河河床下落，青海湖由于外流出口被阻塞而成为内陆湖泊。原本东流的河水也掉头西流，倒淌河由此形成。

这条海拔三千三百米、全长约四十公里的倒淌河，在藏语中被称为"柔莫涌"，意为人们喜爱的地方。由此向西，即是茫茫草原，荒无人烟。当地人常常念叨："过了日月山，两眼泪不干。"我们不难想象，当年的文成公主从夜夜笙歌的繁华长安走入这一片静寂，少女心境自有诸多落寞，这种心理落差的微妙之处或许只有七十年后循迹而来的金城公主能够体会。

如今站在日月山的日亭、月亭之上远眺，当年文成公主一行走过的崎岖小路，如今已被宽阔的青藏公路取代。唯有倒淌河依然不舍昼夜地奔腾向西，仿佛日日夜夜都在目送着公主远行的柔弱背影，从未停歇。

第三回
生死之间

　　文成公主一行进入吐谷浑境内时，儿时的玩伴、如今嫁为人妻的弘化公主陪同吐谷浑可汗诺曷钵盛情接待。要不是被青海湖宝石般的湛蓝深深吸引，文成公主或许也不会在此停留一月之久。与情同姐妹的弘化公主挥泪作别后，文成公主不会知道，在前方等待她的将是如潮水般汹涌的黑暗……

第六章 关于无畏、重生与自由

吐谷浑的蛮荒传说

日近黄昏，牛羊知返，飞鸟归巢。阳光一如糖衣，裹在因寒冷而粗糙干裂的大地上，柔和静谧，哪怕是最暴烈的灵魂，仿佛也会在这一片柔光中安然睡去。

文成公主轻轻合着眼帘，侧头靠在倩儿肩上，眼圈仍然泛着胭脂色。

"公主，诺曷钵可汗和妃子已在营帐恭候多时了，你闻，空气里都是香味。"倩儿不住地说着话，试图打消公主的忧思。

文成公主一行已进入吐谷浑地界，铁伏加草原上搭起的营帐如小山般层层叠叠，袅袅炊烟蜿蜒着指向艳红色天空。风中飘来牛羊肉的喷香气息，钻入众人疲乏的肠胃，队伍中出现一阵轻微的骚动。

吐谷浑又称吐浑、退浑，本属辽东地区慕容鲜卑族的一支，其势力范围北起甘松、南至白兰、东临洮水、西至于阗。历经东晋、南北朝，隋末唐初时天下叛乱，吐谷浑可汗出兵河西，与新生的唐朝之间关系时明时暗。贞观九年（635年），臣子夺权，吐谷浑大乱。唐朝大将李靖率唐军深入吐谷浑平定混乱，次年立诺曷钵为可汗，封为河源郡王。

贞观十四年（640年），唐太宗将弘化公主嫁给诺曷钵，弘化公主成为唐朝第一位远嫁他乡的公主。听闻文成公主途经此地，思乡心切的弘化公主喜出望外，诺曷钵也连忙下令设帐亲迎文成公主。

第三回　生死之间

营帐外篝火烧得正旺，鼎沸的大锅中牛羊肉喷香，士兵们个个面带喜色，这场景甚至让文成公主产生了眩晕般的幸福感觉。

在人群的簇拥下，诺曷钵和弘化公主相挽走出营帐，虽然隔着一段距离，但文成公主仍能强烈感受到他们目光交汇中的默契。他们的婚姻无疑是唐朝和吐谷浑的福音，文成公主想，自己想要在此次和亲中收获这样一个默契的人，会不会是痴心妄想呢？

儿时的玩伴转眼成为雍容的妃子，时间真是不等人呀！文成公主仿佛看到两个拉着手的小小身影迈过高高的门槛快乐奔跑的模样。幼年时的欢乐转瞬即逝，她没想到自己也会和弘化公主一样踏上远途，在异乡继续做着年少时未完的梦。

文成公主还记得，两年前弘化公主刚得知即将远嫁吐谷浑时，还曾和她小声倾诉对吐谷浑蛮荒传说的恐惧。当时的她不知该如何安慰弘化，如今见弘化公主与诺曷钵恩爱的样子，心中颇觉安慰。

看到面前弘化公主脸上满足的笑容，文成公主顾不得烦琐的礼仪，飞快上前紧握住弘化公主的双手。两个远离故土的年轻女子在他乡重逢，心中藏着千言万语，真正见了面却一句话也说不出来，只是努力从彼此的双眼中找寻自己初时的踪迹。

吐谷浑可汗诺曷钵敏锐地感知到这短暂的沉默，连忙将文成公主和李道宗迎入帐中，命令手下端上牛羊肉，以及醇香的酥油茶、奶酪，用来款待尊贵的客人。身为唐朝最出色的外交官，李道宗在席间从容应答，与诺曷钵热络地攀谈起来。诺曷钵求亲时，李道宗曾亲自招待过他，两人自是相谈甚欢。

连续几个世纪，吐谷浑人占据着被誉为"世界文化大运河"的丝绸之路隘口，最擅长培育体形修长、丰神俊朗的名马"青海骢"，以此与中原地区交换被罗马视若珍宝的丝绸。诺曷钵时期，吐谷浑渐渐呈现出江河日下的落寞气象，诺曷钵已经隐隐感到来自西方的某种压力。

吐蕃，一个在吐谷浑兴盛了三百多年时才成立的政权，正在赞普松赞干布手中熠熠生辉，并开始不断向北部地区扩张。贞观十二年（638年），吐蕃进犯吐谷浑，致使"吐谷浑不能支，遁于青海之北，民、畜多为吐蕃所掠"。虽然吐蕃的实力让人心存忌惮，但因身后有强盛的唐朝作为靠山，诺曷钵此刻还不甚担忧。

诺曷钵和弘化公主端起酒杯，为文成公主送上最美的祝福，祈求她能顺利到达吐蕃。游牧民族天性粗豪直率，少有曲折婉转的思绪，只愿将热情浸在酒中开怀痛饮。

东道主的热情瞬间融化了彼此的生疏感，文成公主不胜酒力，但仍端起酒杯一饮而尽。红晕渐渐泛上面颊，将她一路行来的舟车劳顿冲刷得踪影全无，让她看起来更加光彩照人。周围的随从们也纷纷举起酒杯，为这漫长旅途中的短暂休憩欢愉地干杯。

弘化公主知道中原人不擅长用刀食肉，细心地让人将熟肉切成小块方便取食，文成公主不禁为这些微小细节感动不已。对于年方二八的少女来说，匆忙赶路去向自己未知的生活，或许真的不如和小姐妹聊聊天，互相倾诉心事来得令人心动。

自弘化公主远嫁之日起，她和弘化公主已经近一年没有见面了。文成公主纵然心事满溢，此刻也会庆幸还有人与自己心灵相通。她迫不及待地和弘化公主倾诉着漫长旅程中的日日夜夜，继续做那些在长安城中未做完的美梦。

两个女人的惺惺相惜

又是一个清冷的午夜。

北斗西沉，铁布加草原一片暗黑，璀璨的星光散落天际，寒风呼啸着将地上的积雪卷起，远处传来野狼的嗥叫。

吐谷浑宽敞的大帐中透出温暖的火光，帐中隐约传来银铃般的谈笑声。

两个离乡的姐妹在异域共同回味儿时在长安城的欢笑时光，互相倾诉对家乡的思念之情，在共同的经历中获得滋养心灵的力量，这无疑是历史最有人情味儿的揣测。据这一时期相关史料记载，当时文成公主和弘化公主之间的走动相当频繁。诺曷钵念及两位公主之间的姐妹情，也为两人创造了十分宽松的交流环境。

大帐内火光摇曳，两位往日被礼俗和尊贵身份束住手脚的公主，终于在彼此面前卸下所有防备，畅谈心事。

"姐姐，我路上一想到这辈子可能都回不了家了，眼泪就止不住地流。这一年你可是怎么熬过来的？"

"我呀，当初还没有你坚强呢，眼泪从长安一路流到这里，若不是吃了医眼的药，眼睛可能都保不住了。"

弘化公主的话让文成公主如遇知音，她也是直到坐上车的那一刻，才知道思念竟可以像深不见底的黑洞一般，将自己的一切卷入其中，无法挣脱。

"姐姐，你在这儿过得可好？你夫君待你可是真心？"

"怎么说呢……淮阳郡王一路护送我进吐谷浑，一直对我的出身守口如瓶。哪知他后来在婚宴上喝醉，把我不是皇上亲生女儿的秘密告诉了我丈夫。诺曷钵当时气得不行，估计连杀我的心都有，现在对我可比以前好多了。"

历史对弘化公主的身份缄口不言，但我们如今仍能在史书中寻到真相。《旧唐书》卷六十《李道玄传》记载："送弘化公主还蕃，坐泄主非太宗女，夺爵除国。"《资治通鉴》卷一九五太宗贞观十三年（639年）十二月条记载："吐谷浑王诺曷钵来朝，以宗女为弘化公主，妻之。"我们可以推断，和文成公主一样，弘化公主也是以宗室女身份被封为公主的。

贞观十四年（640年），在淮阳王李道明和大将军慕容宝的护送下，年仅十八岁的弘化公主含着眼泪远离家乡，走向苍茫大漠，成为唐朝第一位远嫁的公主。

弘化公主春季入吐谷浑完婚，当年秋七月，丞相宣王专权，联合诺曷钵的两个弟弟密谋造反，决定在祭山活动中劫持诺曷钵和弘化公主作为人质投奔吐蕃。弘化公主听闻此消息后并没有慌乱，立刻飞身上马，与诺曷钵一同连夜奔往鄯城（今青海省西宁市），带领亲兵作战。在鄯州刺史杜凤举的帮助下，吐谷浑叛乱被平定，重归平静。

带兵作战，出生入死，这岂是寻常女子所为？文成公主痴痴地望着眼前这个无比柔弱的女人，她的侧脸在火光中明亮柔媚，谁能想到她的内心却是这样强悍呢？如果自己遇到这样的情况，不知能否如她这般果敢。

"雪雁，你愣什么呢？"看文成公主神情恍惚，弘化公主轻拍文成公主的肩膀问道，"是不是困啦？"

被弘化公主这样一说，文成公主倒真有了一丝倦意，不由得捻起手中的佛珠默念起来。

弘化公主自幼礼佛，对这种举动再熟悉不过。在吐谷浑短短的一年间发生的大小事情如潮般奔涌而来，想到能平安度过这些惊涛骇浪，她不由得双手合十，闭上双眼虔诚感谢无所不在的佛祖。

当年她从远方走入这片想象中的蛮荒之地，原本已做好将生命冰封、从此沉入无边冷寂的准备，却惊喜地发现，佛法在这里早已种下因缘。释迦牟尼佛像和《涅槃经》《般若》《金光明讲疏》等佛经在夸吕可汗时就已传入吐谷浑，成为此方百姓心灵安定的镇纸。

弘化公主将这些故事讲给文成公主，希望她也能打消心中的顾虑。对于时令有序的中原地区来说，居于塞外的吐蕃和吐谷浑气候暴躁无常，百姓粗俗野蛮，但只有真正相处之后才会知道，他们身上浸染着自然的天性，自有一种令人心动的淳朴，绝非不通情理的蛮横之人。

不知什么时候，文成公主已经合紧眼帘甜甜睡去，手中还紧抓着佛珠不放。

天真而勇敢的人总会得到上天的厚爱，弘化公主对于这点深信不疑。她悄悄将文成公主鬓间的碎发捋到耳后，知道自己不必再为文成公主担心，吐蕃人性格爽直，一定会打心眼里喜欢并接纳这位纯真善良的公主。

第七章　暗影投不到发光的心上

进击的潜伏者

"雪雁，醒醒，今天带你去看西海！"

文成公主翻身坐起，又倒头跌入梦乡。

弘化公主浅笑嫣然，整理好衣服便走出大帐，向倩儿使了个眼色，就去和诺曷钵商量当日文成公主的行程、饮食等各项事宜。

倩儿早已对文成公主的作息了如指掌，她悄然点香，立在床前，静静等待公主醒来。

大帐内香气弥漫，古雅醇厚的气息让人有身临佛堂之感。文成公主忽地翻身坐起，一看到倩儿双臂交叠、神情奇异的样子，心中明白了大半，这丫头是想以这样的方式把她叫醒啊，便一脸嗔怪地扭头不理她。

在所有的丫鬟中，倩儿在公主身边待得最久，仿佛也沾染了公主古灵精怪的脾气，时不时地对她开些无伤大雅的玩笑。

"公主，今天弘化公主要带我们去看西海！据说长安没有一条河能比得上它，那水比天还蓝呢！"倩儿眼神一动，连忙转移话题。

听到这里，文成公主扑哧一笑，新奇未知的一切在她眼里都充满了魅力。她的两眼随着雀跃的心弯成月牙的形状，连忙起身梳妆打扮。

几匹毛色光亮、体形健硕的青海骢抖着脖子上的鬃毛，仿佛迫不及待要上路。诺曷钵为公主挑选了一匹安静娴雅的小马，李道宗为自己选了最高的一匹，其余人或乘车或步行，浩浩荡荡向西海进发。

西海是青海湖旧称，又名"措温布"，在藏语中意即"青色的海"，是中国最大的内陆湖。每逢七八月份，上千亩油菜花竞相开放，万顷湛蓝镶嵌在金灿灿的明黄之中，时有牛羊悠闲出没，让人如置幻境。

文成公主手握缰绳，与诺曷钵、弘化公主、李道宗并排骑马行进，虽然此时寒风依旧凛冽，但草原上已有蓬勃的绿意。文成公主深深地呼吸着来自草原的清冽气息，目光瞬间被浑然一体的湛蓝色所牵引，青海湖已近在眼前。

这是文成公主从未见过的蓝，她甚至找不到恰当的词汇来形容。好似天空，却比天空更加纯净，没有一丝杂质；又似海洋，却比海洋更加平静娴雅；或许只有婴儿纯净清亮的眼眸可以与之相提并论。

青海湖的纯净，得益于鲜有人涉足的高度。湖面的平均高度比海平面高出三千多米，比两座泰山加起来还要高；高原氧气稀薄，湖中含氧更为稀薄，连浮游生物都难以存活，能见度可以达到八九米以上。

文成公主一行人久久注视着这世间稀有的美和纯净，旭日初升，霞光万丈，连同湛蓝的青海湖，一同将他们圈入绝美的画框中，让人觉得哪怕呼吸都会破坏眼前浑然天成的美。

眼前有看不厌的美景，身边有情深意重的姐妹，文成公主心中涌出一股强烈的眷恋。

不知不觉间，文成公主已在吐谷浑停驻近一个月。两个独自远行的年轻女子在远方重逢，自然对于倾心陪伴的时光十分珍惜，她们一起礼佛、骑马、游玩、聊天应该不只是传言。她们聊天的范围一定包罗万象，关于外交、关于政务、关于男子、关于女人和自己，她们以信赖交换着对外人难以言说的秘密。

分别的日子转眼就要来到，当弘化公主轻轻为她掸去衣服上的灰尘时，文成公主感觉自己的心都要被掏空了。

"雪雁，你记得，无论你的丈夫是一个什么样的人，你都要保持自己的独立。"

即使已经走出十里开外，弘化公主的告诫还在文成公主的耳边回荡。她回头想寻找姐姐的背影，却只见一片苍茫。

大片的雪花洋洋洒洒，在这个已经转暖的初春日里显得极为反常，行进的队伍步履迟缓而稳健，马儿不时用前蹄试探着路面的虚实。

李道宗带着一小队人马走在队伍前方，想为众人找寻一处可供休憩的山洞，渐渐和队伍拉开距离。

哪怕身在厚厚棉被包裹的车篷中，文成公主仍感到阵阵寒意。文成公主让倩儿拉紧车帘时，拉车的骏马忽然受惊，猛然长嘶，扬蹄挥舞。

雪地上，几个头蒙白纱的白衣人正试图将公主的马车围住，他们步步紧逼，袖子中隐隐露出雪亮的锋芒。

靠近车边的几个随从眼疾手快，侧身紧贴在车帘处，随时准备以死相搏，一股蕴含无限张力的沉默让空气都变得凝重起来。

文成公主似乎察觉到了帘外不寻常的气氛，不禁伸手掀起帘子张望。

用生命捍卫她的人

文成公主掀开帘子的一角，不禁为眼前的景象大吃一惊。几个白衣人迅速交换目光，包围圈又紧了一层。

倩儿吓得面色惨白，与公主紧紧相偎，两个手无寸铁的女子只能在沉默中等待救援。

"保护公主！"

一看文成公主已经受到惊扰，外围的随从们不再等待，高声呼喊着将白衣人团团围住。其中一人翻身上马，将十万火急的消息告知李道宗。

包围的人群越来越多，白衣人们很快察觉到双方力量的悬殊，渐渐乱了阵脚，目光围着车帘内的波动而游移不定。忽地，一道影子在众人的目光中一掠而过，一名身手矫健的白衣人从高处俯冲而下，手中一道寒光如闪电般迅猛逼近车帘。

帘中的文成公主手握防身刀具，一边安慰惊恐的倩儿，一边感知着外面的风吹草动，却没有嗅到身后狂飙突进的危险气息。

倩儿好不容易才颤抖着睁开双眼，目光正与穿破车帘的锋芒相触。电光火石之间，倩儿扑向一道寒光，用自己温暖的身体为公主抵挡了刺骨的寒冷，鲜血沿着刀刃滴下，落在纯白地面上绽出玫瑰，艳丽刺眼。

白衣人还以为自己刺中的就是文成公主，蒙面白纱上一双怒目顷刻闪出喜悦的光芒：纵使公主侥幸未死，如此重伤，在这样的大雪天里也难以活命。其他白衣人仿佛被胜利的气氛感染，步步向后，准备撤退。正在此时，刺杀成功的白衣人脸上忽然流露出痛苦的表情，翻身落地，动弹不得。其他白衣人见势不妙，便四散奔逃。

嗒嗒的马蹄声响起，李道宗收回手中的飞镖，翻身下马。这短短几步可能是他这辈子走过的最艰难的路。

他以为自己的亲生骨肉早已葬身刀下，悔恨之意早已吞没了他的理智，甚至想不起即刻追击罪恶的凶手。他一脸阴云地凝视着帘上的血渍，心痛难抑。这个习惯于凭力量和理性做判断的男人，终于在这一刻将信念托付给了无所不能的上苍，全心祈祷着公主的平安。

凝重的脚步声间杂着雪花的哭泣，李道宗缓缓走近。如果可以，他宁愿一辈子都不见到这样痛心的场面。比起女儿远嫁吐蕃，亲眼看她在肮脏混乱的阴谋中香消玉殒更为沉痛，也更难以接受。

恍惚间，他看到女儿鬓发凌乱、双眼迷狂，死命摇晃倩儿的双手已浸满鲜血。

此刻的文成公主早已情绪失控，她不敢相信那个干什么都不如自己胆大的姑娘，那个看到残忍事情就会捂住眼睛的姑娘，竟这样"愚蠢"地放弃了生的机会，只为捍卫自己的安全。寒风刺骨，倩儿的身体很快变得僵硬，文成公主顿时觉得不寒而栗。死亡以如此暴烈的方式直抵她内心深处最柔软的地方，丝毫不为她留下一丝余地。

雪越下越大，很快就将倩儿和行刺者的身体掩埋，倩儿的脸还保持着生前的表情，眼睛直直仰望着凄厉的天空。天色霎时暗淡下来，李道宗下令在附近的山洞燃起篝火，派专人轮流把守洞口，密切监视着外界的风吹草动。文成公主被侍女搀扶着喝了一碗热汤就安然就寝，她不想以任何方式增加父亲的忧虑，只能闭目养神佯装睡去，心里的思绪却一刻未曾停歇。

李道宗见她安睡的模样，终于舒了一口气，料理好倩儿的后事，他立刻派人调查行刺者的底细。侍卫们从行刺者的尸体上搜出不少牛骨饰物，上面隐约有"卍"字标记（雍仲苯教符号），一位长期行走于唐蕃之间的随从脸色大变，和李道宗低声交谈着。

文成公主浅浅地合着双眼，倩儿往日的种种神态细节在脑海中翻涌不停，这个与自己相依为命的丫头还没亲眼见到自己的夫君，还没见证自己生命中最隆重的仪式，怎能说走就走呢？

  生命无常，倘若没有坚定的意志和信仰，就只能永远在这种痛苦的起伏中沉沦。文成公主她深信这些道理，却仍然无法说服自己安心睡眠，倩儿娇俏的模样一遍遍浮现在她眼前，她将永远地在自己的生命中缺席。未来那些重要的时刻，即使有万般喜乐，也会因倩儿的离开变得索然无味吧！

期待的疗愈

文成公主手捻佛珠迷糊入眠，日上三竿仍卧床不起。李道宗心急如焚，连忙催促随行郎中前去探视。

随行郎中鬓发斑白，听命为文成公主悬丝诊脉。李道宗密切注视着郎中的脸色变化，搓着双手在门口焦急踱步。

"公主脉相浮紧，应是昨天受到了惊吓，风寒之邪外袭致使肺气失宣。用辛温解表的办法，可将公主体内的寒气逼出，只是这草药……"郎中说到一半就戛然而止。

此时正值春夏之交，时序变换，疾病多发，风寒原不是大病，但在自然条件相对恶劣的荒野之上，采集到对症的草药，可谓十分艰难。天气变化剧烈，更让治愈变得难上加难。李道宗颇知医理，不由得皱起眉头。

这并不是文成公主踏上旅途以来第一次为自己的身体感到忧虑。

文成公主刚踏上高原时，娇嫩的脸上忽地冒出不少红疹，脸上如火烧般疼痛，她日夜捧着镜子涂抹郎中调制的药膏，却看不到一丝痊愈的希望。十六七的少女正处于对容颜极其敏感的年纪，这对于独自在异乡远行的文成公主，无疑是雪上加霜。

队伍走到鄯州的七里寺附近（今青海省民和县古鄯镇内）时，树林苍翠茂密，时有鸟儿歌声婉转悦耳，但根本无法让文成公主的心欢快起来。一位老妇人得知此事，便劝文成公主到七里寺喝泉水试试，文成公主抱着试试的心态去了，连喝几日后，红疹竟然消失了，皮肤甚至比原来更光滑细嫩。原来这七里寺的药水泉有强健脾胃、消食杀菌等功效。《愿簿》记载，七里寺药水泉"流源于隋唐时期，因牛饮泉水而发现"。《西宁府续志》也提到："其（药泉水）味幸温、饮之愈胃疾。"传说农历六月六这一天喝药泉水的效果最好，每逢此时，慕名前来的游人络绎不绝。喝过这神奇泉水的文成公主直到这一次遭遇偷袭之前都没再患病。

文成公主嘴上喃喃念着佛经，为自己默默祈祷。这次意外让她的身体不堪重负，但显然没有摧毁她的信仰。生命中还有那么多等待被发现的美好，她不想就此停住。

郎中从随身的包袱中掏出一块有些干瘪的生姜，命侍女煎汤给公主服下，再服侍公主安眠。

姜汤辛辣入心，文成公主捏着鼻子灌下，顿觉体内升起一股暖流，此后便昏然遁入梦乡，这一睡就是两天两夜。

朦胧中，她穿过一片灿然金黄的油菜花地，四外空无一人。微风吹拂，花海泛起层层涟漪，她闭上眼睛躺在这一片柔软之上，从流飘荡。顷刻间花海剧烈翻滚，文成公主一阵恐慌，想要挣脱却越陷越深，不由得大声呼喊……

文成公主猛然起身，额上沁出层层汗珠，暗暗感叹，幸好这只是一场噩梦。

人对外物的感知在很大程度上取决于自己的身体状态，发汗过后，文成公主顿时觉得身体轻快不少，声音也不再嘶哑，心中逐渐为欢愉和憧憬的情绪所充实。这一次小小的波折仿佛将文成公主心中所剩无几的娇嗔荡涤干净，她从未觉得自己像现在这样刚强。生命脆弱得可怕，真实的生活总不如想象中美好，但人仍然应该有所期待，关于自身，关于渺远的未来。

文成公主的痊愈让李道宗长长地舒了一口气，公主的眼睛没有因这一次意外而蒙上阴影，反而更透出一种坚定。但他并未因此放弃追查行刺凶手的努力，不弄清这一点，公主就可能时刻有生命危险。

车轮缓缓转动，送亲队伍再一次上路了。随行的人们打心眼里为文成公主的痊愈开心，连脚步也轻盈了起来。但李道宗知道，危险的烟雾远没有消散，甚至还只是开始。他想起那神秘的"卍"字符号，他知道那和青藏高原上的一股神秘力量有着某种隐秘的联系。

第四回
君在我心

一个素未谋面的大唐女子袅然走进松赞干布的梦中,从此种下因缘。漫长的等待,短暂的相会,并未让松赞干布和文成公主心生失望。他们只要目光交会,就能感觉到彼此心意的相契。

第八章 我们都是等待火焰的人

一眼一生

　　正在松赞干布马不停蹄地奔向柏海时，文成公主的身体早已痊愈，也将刺杀的阴影抛在脑后，这两个素未谋面的年轻人正怀揣着期待，朝同一个心心念念的地方赶去。

　　柏海，古湖泊名，位于青海省南部、巴颜喀拉山北麓，上距黄河源头卡日曲一百九十多公里。它由扎陵湖和鄂陵湖两个姐妹湖组成，意为"白色的长湖"和"蓝色的长湖"，自古便以如画美景著称，是古代游牧民族赖以为生的天然牧场，更是内地进入西藏的交通要道。

　　湖水清澈见底，碧波倒映着蓝天白云，微风拂面，让人如置幻境。松赞干布很庆幸自己选对了地方，连忙吩咐手下臣民在湖边较为开阔的浅滩安营扎寨，备足饮食、行帐、马匹、船只，耐心等待公主的到来。

　　《旧唐书》对松赞干布柏海迎亲的描述一笔带过："贞观十五年，太宗以文成公主妻之，会礼部尚书、江夏郡王（李）道宗珠婚。持节送公主入蕃。弄赞（松赞干布）率其兵次柏海，亲迎于河源。"但一首名为《唉马林儿》的藏族民歌，或许才能还原松赞干布当时的喜悦心情："不要怕过宽大的草原，那里有一百匹好马欢迎您！不要怕过高大的雪山，有一百匹驯良的牦牛来欢迎你！不要怕涉深深的大河，有一百只马头船来欢迎你！"

　　如今的迎亲滩风景依旧，却不见任何柏海迎亲的痕迹，哪怕一块记述此事的碑文都没有留下，只留千年不变的传说和民歌在柏海上空飘荡，不能说不是一种遗憾。

听闻松赞干布已安排好一切大小事务准备迎亲，李道宗暗暗感叹，和女儿相处的时光越来越宝贵了。或许是在高原上行进多日，文成公主的身体已经开始习惯高原缺氧的环境，又恰逢大病初愈，她对外界的好奇更深一层。一路上，文成公主戴着喜爱的幂篱，手执缰绳，兴致勃勃地和父亲一起骑马走路。

行至河源处，可以隐隐望见对岸的营地，两位新人的会面之所近在咫尺。只是黄河泥沙纵横堆积，用船只渡河是不可能了，黄河水滚滚奔流，直接逾越更为艰难。李道宗只好下令让大家暂且安顿下来，静观其变。

相传第二日清晨，文成公主一行人再次来到黄河边，却见奔流之上架起一座彩桥。牧民们身背木板站在水中，身着鲜艳彩装的藏族儿童一手持哈达一端，形似栏杆，藏族人民的举动深深打动了公主的心，她没想到他们会以这样的方式欢迎她。文成公主提起袍服下摆，赤足跑过这座满载心意的"人桥"，回应着藏族民众的善意。

人桥渡河的传说在史书中并无记载，但文成公主一行人终究还是渡过天险，来到了松赞干布精心布置的营地。

远远看到营地时，文成公主心中一阵慌乱，她知道自己未来的夫君就在那里。一路上她曾千百次用想象堆砌他的模样，如今心中却像是打翻了五味瓶，交杂着惶恐与欣喜，一路朝张开双手迎接她的吐蕃民众走来。

李道宗俯下身来，低声向文成公主描述着松赞干布的模样，文成公主的目光在远处人群中移动，终于锁定了一个身材魁梧的年轻身影。那人的目光热烈专注，又带着些许羞涩，文成公主不由得低下头，又轻轻扬起。

沿途藏族百姓的欢呼声不绝如缕，那个盛装打扮的妙龄女子，脸上泛着微微的红晕，因满怀期待而光彩照人。

虽然他们未曾谋面，但松赞干布还是一眼就从人群中认出了她，那就是他的大唐公主。

驰骋青藏高原的赞普对自己的判断深信不疑，他看到自己的美梦一步步成为现实,仿佛过去漫长艰辛的等待皆是值得的。相对于尺尊公主高贵的姿态,这个唐朝公主显然更具亲和力。

青藏高原气候苦寒,连绵的雪山、锋利的岩石、高渺的云天和连年的战争,都是太过坚硬的东西。松赞干布希望这个看起来无限柔和温暖的女人,会唤起高原沉睡已久的柔软,更把文明气息播洒到高原的每个角落。

身穿吉服的吐蕃女婿

　　松赞干布和文成公主的会面，已经淡入历史尘埃不见踪影。迎亲滩仿佛忠实的死士，任凭野草随风起舞，始终不肯吐露他们二人相见的半点秘密。松赞干布换上唐朝吉服，宽大的袍袖在劲风中起伏，衣服上花纹精致细腻，让人不敢呼吸。他将以唐朝驸马的身份，迎娶自己魂牵梦萦的公主。

　　正午的迎亲滩上空白云漫卷，随风向变幻出各种形状，如山峰，如动物，如鲜花。最美的还是莲花形的云朵，披着五彩衣在阳光中穿行，让人如置幻境。佛教中的莲花承载着吉祥安康的夙愿，文成公主抬头仰望云天，忐忑的内心得到一丝安慰。

　　太美的东西总让人觉得不切实际。望着公主皎若明月的脸庞和华贵的衣着，松赞干布赞叹之余，更多的是自惭形秽。《册府元龟》卷九七八和《太平御览》卷一五四《皇亲部·公主下》真实地还原了当时的情景："既而叹大国服饰礼仪之美，俯仰有愧沮之色。"

　　古老神奇的青藏高原，不但将智慧和耐心注入藏族百姓的魂魄，也同样把粗犷和热烈融进了他们日日相伴的服饰之中。寒冷的气候和灼热的阳光决定了藏袍宽腰大袖、长襟长衫的特点，藏袍胸前处有可供盛放食物甚至婴儿的空地，袖子可自由穿戴，方便劳作，睡觉时只要将腰带和袖子脱下，就可以当作宽大的睡袋宿于野外。饰品通常以银镶嵌珍珠、绿松石、玛瑙等，天然而华贵。

　　公元3世纪的拉托托日年赞时期，赞普与普通官员之间的服饰就已开始向差异化方向发展，无论是头饰、帽子、挂饰还是衣服式样，都大不相同。唐朝服饰，式样繁复，用料讲究，受天气的局限不大，更多注重美观。相较之下，吐蕃服饰就显得过于单调了，所以松赞干布第一次见到盛装华服的文成公主便惊为天人，也就不难理解了。

据《吐蕃传》记载，松赞干布"自亦释毡裘，袭纨绮，渐慕华风"。或许是被公主华美的衣着深深打动，松赞干布放弃粗糙的旧衣服，带头穿起飘逸华丽的丝质藏袍，如今在布达拉宫法王洞中仍有身穿丝绸长袍的松赞干布、文成公主塑像，可见唐朝服饰对吐蕃的影响之深。

李道宗神情严肃，让他担心又期盼的一天终于来临了。纵使能在所有的外交场合从容应答，面对女儿的离开，他还是忍不住涕泪交零。

身着吉服的松赞干布躬身作揖，一脸郑重。率兵打仗、处理政事，他从不退缩，这一次他知道自己恐怕要露怯了。不少侍女见他鲜红色衣衫配着黝黑的皮肤，不禁悄声耳语嬉笑，松赞干布感到一阵发窘。

窃窃私语此起彼伏，李道宗轻声咳嗽了一声，侍女们连忙掩住嘴角的笑意四散开来。

文成公主身未动，但眼角的余光却始终密切地关注着松赞干布的一举一动。长安城中谦谦公子温润如玉，举手投足尽是典雅风范，却少有男儿雄壮之气。眼前的男子浓眉深目，身材魁梧，一举一动看似笨拙，眉宇间却自有一股粗豪的质朴。

当李道宗把文成公主的手轻柔地放在松赞干布手中时，他们都仿佛触到了永恒。

直至傍晚，天空中莲花状的云朵仍未散去，草原上的篝火已经燃起，为赞普和公主的新婚之夜守护着。柏海纯净的蓝眼睛深邃如谜，默默注视着眼前的一切，为这两个羞涩的人，更为唐蕃两地的百姓虔诚地祈福。

温暖的诀别

一连几日，文成公主都沉浸在新婚的甜蜜之中。年轻的心总是容易被五光十色的新鲜事物驱驰，刚刚成为赞蒙的文成公主喜不自胜，虔心学习着吐蕃的礼仪、风俗，期待能扮演好自己的角色，不给大唐蒙羞。李道宗默然看着女儿的努力，极力掩饰着内心的担忧，经常饭吃到一半，他就起身离席，到柏海边上看风景。

望着父亲斑白的鬓角，文成公主感到一阵难过。父亲不善言语、甘陪末座的禀性已经不是两三天了，但文成公主觉得这次不同寻常。他脸上的表情既不像是嗔怪也不像是悲伤，更像是沉思。有时她紧跟父亲的脚步，也探不出任何蛛丝马迹，父女两人并肩而立，能从午间站到傍晚。

女儿新婚和美，做父亲的应当感到欣慰，可李道宗显得冷静得多。为心爱的女儿考查相伴一生的人，或许是一个父亲一生中最为郑重的决定。男人看男人的眼光往往更为毒辣，总能精准地直击要害。李道宗并不担心这个笨拙的女婿无法符合女儿浪漫的幻想和期待，却担心他是否有着宽厚的心胸和长远的眼光，这才是支撑女儿后半生最为实际的保证。

松赞干布日日骑马驰骋，性情豪迈，与中原人缜密细腻的性格迥然不同。他对于李道宗的反常表现并无过多揣测，只认为他即将与公主分别，心情忧虑在所难免，仍旧每日供以好酒好菜，叮嘱文成公主多多陪伴他。

对于松赞干布毫无怨言的赤诚，李道宗十分受用。眼见女儿日日眉梢扬起，李道宗一颗悬着的心终于放了下来，眉头逐渐舒展，看向松赞干布的目光中也多了份激赏的意味。

是夜，柏海扎陵湖畔柔波荡漾，湖面上映着的星光与天上璀璨的星辰交相辉映，两个刚毅的人影如刀刻般凝于湖畔，时有低语声传来。

"我明日启程返回大唐，公主从此就托付给您了。以臣子的身份我本不该出此鲁莽之言，可还是请您体谅一个老人的心情吧！"

"王爷言重了。"松赞干布躬身行礼，接着道，"我十三岁时父亲被奸人毒害，从此我就立下誓言，此生就算拼尽性命也要守护自己的亲人。如今公主嫁给我，那么公主乃至整个大唐都是我松赞干布的至亲之人，我怎么会让自己的亲人受到半点伤害？"

松赞干布沸腾的话语和坚定的表情，如同寒冬一碗滚烫的热汤暖人心脾，让李道宗不由得热泪盈眶。

李道宗轻轻拍着松赞干布的肩膀，激动得一句话也说不出来。他们都是在战火中滚过、在烈焰中忍过的人，因生命的历练和身上肩负的使命被迫保持刚毅无比的模样，他们都清楚，男儿眼泪的珍贵，只能留给最真最亲的人。

黑夜悄悄地藏起这一切，两个刚毅的男人在凉风中伫立，保持着默契的沉默。

冲破云层的太阳光芒万丈，启程之日即在眼前。李道宗早已安排随从打点好行装，将他心爱的骏马牵了出来。

文成公主此刻的眼泪如断了线的珠子，不绝如缕。她刚刚意识到，此次和父亲的分别，或许就是永别。文成公主仿佛看到了母亲站在父亲身旁双眉紧锁、期待和焦虑混杂的模样。对于生她养她的父母，她做得实在太少太少，她想起幼时曾反复吟诵的故事：

春秋时期，孔子携弟子出游，听到路旁的哭泣声忍不住停下询问，那人哭诉道："我年少好学，曾到各地游历求学。等我学成归来，双亲已经亡故。作为子女，应该侍奉父母的时候我却不在，就如同树在狂风中想要保持静止，我现在想要供奉父母却不得的悲伤。逝者已逝，如今我只能悲伤地独自忏悔。"

"树欲静而风不止，子欲养而亲不待"，命运如此戏弄于她，让她在分别之时才看到自己的后悔。

望着父亲眼中的心疼，文成公主渐渐止住眼泪，她再也不能像个小女孩一样扑进父亲怀里，让父亲独自承受隐忍的伤悲了。事到如今，她已无法陪伴在父亲身边，只能以坚强的幸福姿态打消父亲心中所有的顾虑，肩负起自己福泽一方的使命。

李道宗向松赞干布郑重地点头，转身离去，直至在众人视线中消失不见。

柏海地处开阔之所，虽有气势宏伟、雕刻精美的居所，但毕竟人烟稀少，并非久居之地，况且公主思虑重重，也实在不适合久居伤心之地。或许只有全新的旅程和玉树的风光会让她的心情得到疗愈，重回甜蜜和平静之中。松赞干布当即下令启程赶往玉树。料想途中必得翻越巴颜喀拉山，不知公主柔弱的身体能否安然无恙，念及此，松赞干布的眼中不由得蒙上一层阴霾。

第九章　欢愉有时，静默有时

生命从巴颜喀拉山开启

唐长庆元年（821年），吐蕃赞普赤德祖赞派礼部尚书论讷罗到长安请和，大理卿御史大夫刘元鼎被派往逻些充当会盟使。他以官员身份拜谒了流散于此的内地军民，不但留下了象征汉藏两族兄弟友谊的唐蕃会盟碑，更撰写了《使吐蕃经见纪略》，细致地刻画从沿昆仑山脉西行至河湟谷地这段路程：

"河之上流（指黄河沿一带）繇洪济梁。西南行二千里，水益狭，春可涉，秋夏乃胜舟。其南三百里，三山中高而四下，曰紫山。直大羊同国，古所谓昆仑者也，夷曰闷摩黎山，东距长安五千里。河源其间，流澄缓，下稍合众流，色赤。行益远，它水注则浊。故世举谓西戎之地曰河湟。"

其时刘元鼎所提到的闷摩黎山，在藏语中是"紫（青）色的山"的意思，就是今日的巴颜喀拉山。也正是文成公主到达玉树的必经之所。

随着高度的不断攀升，车马的不时颠簸，文成公主突然感到脑中撕裂般的疼痛。松赞干布看她一脸痛苦的表情，连忙叫她把呼吸放长放慢。文成公主眼前一片空白，紧攥松赞干布的手缓慢呼吸，果真疼痛缓解了不少，连忙下令将这个新奇的发现传授给大家，和大家一起挨过这短暂的煎熬。

只见眼前一片经幡舞动，如漫天的彩霞般夺目，在寒风中呼呼作响。巴颜喀拉山，这位尊贵的老者，以它独特的沉默方式欢迎着公主的到来。文成公主手扶额头下车张望，不知是久经休憩的双脚终于落地，还是凛冽呼啸的寒风吹拂，她竟感觉头痛并没刚才那样剧烈了。

迎接她的，唯有巴颜喀拉山北麓卡日曲和雅拉达泽山下约古宗列盆地的美景。流经此处的卡日曲最长的支流——那扎陇查河即为黄河正源。远处藏羚羊时隐时现，明晃晃的阳光下，黑颈鹤左顾右盼地寻找食物。约古宗列曲盆地东西长约四十公里，南北宽约六十公里，内有上百个小水泊，如珍珠般玲珑剔透，又如繁星满天，历史上人们曾赋予它"星宿海"这样美妙的名字。周边湖泊灌木丛生，飞鸟与鱼竞逐，黄羊、野驴悠然出没。

巴颜喀拉山位于昆仑山脉中部鄂陵湖以南，黄河由此借势急流而下，一路经过黄土高原后由清变浊，哺育着渴慕已久的黄皮肤中国人，一路奔流至海不复还。

作为黄河的发源地，即使说巴颜喀拉山埋藏着中华民族的秘密也不为过。1938年，考古学家在此发现了形似唱片的神秘石头圆盘，将巴颜喀拉山推到了世人瞩目的高度。这块巴颜喀拉山圆盘又称"中国朱洛巴石盘"，还有一个别名"太空碟"。经过漫长细致的分析破译，专家发现，"唱片"中可能隐含着一万两千多年前另一个行星的居民在进行太空探险时不幸遇难的相关记述。

巴颜喀拉山究竟还隐藏着多少不为人知的秘密呢？我们已无法得知，我们甚至无法确定，一千三百多年前，文成公主是如何翻越这座世人瞻仰的雪山，又如何以单薄的身体和强大的意志克服恶劣的高原反应，与随时可能引起情绪崩溃的异域陌生感做抗争。

让文成公主觉得惊异的是，这片高原如此奇绝，看似只有刚毅勇猛的人才能存活下来，而攀上这座高原，却只有靠着缓慢绵长的呼吸才行。只有体弱的孩子和老人，才能逃脱窒息的恐惧感。对弱者的敬重和照顾，这或许是高原独有的慈悲和殊荣吧！文成公主边走边想，一会儿就将头痛抛在脑后。

玉树美嫁娘

翻越巴颜喀拉山，无异于一次身体和心灵的历练。望着前方逐渐开阔的道路，松赞干布一颗悬着的心终于放了下来。

正是这一路的相伴而行，让松赞干布逐渐剔除了对中原女子的偏见。文成公主看似弱不禁风，但头痛欲裂时，还想着安抚别人的焦虑，让他心生敬佩。

前方炊烟袅袅，浓郁的饭香味袭来，众人顿觉腹中饥饿难忍，不由得加紧脚步，终于在天黑之前赶到了玉树结古。

结古意即货物集散之地，此地古风留存，贸易往来繁盛，是青海省南部当时最富裕的地区，如今仍可在这里窥到当年繁华景象的一角。

沿路如画的风景让文成公主应接不暇，潺潺的流水声将她连日的阴霾心情一扫而光。文成公主依偎在松赞干布身边，心中感到从未有过的踏实温馨。

当地的部族首领和百姓为他们举行了盛大的欢迎仪式，从百姓质朴无邪的目光中，文成公主读到了祈盼和偏爱。两人便在一处开阔的山谷中安顿下来，游山玩水，日日相伴。

沿路百姓有的背着瓦罐、木桶，有的扛着皮囊，往来络绎不绝。一些辛勤劳作的人待到午饭时间，却只有一点冰冷的糌粑和牛羊肉果腹，文成公主不由得心生酸楚。

和松赞干布商议后，文成公主与工匠们耐心地教这里的百姓垒石砌墙、建造房屋，让他们从此免于严寒酷暑；她还从嫁妆中拿出五谷和蔬菜种子分发给当地百姓，将种植作物、纺织、磨面、酿酒等技术无私地传授给他们，让百姓们免于饥饿之苦；兴修水利，建造水磨，让百姓们的汲水不再劳累。文成公主还把傍身的唐朝歌舞无私分享给这些能歌善舞的淳朴百姓，和他们一起度过曼妙的时光。

百姓们为文成公主的慷慨所感染，纷纷邀请她品尝他们制作的食物和美酒，与她一起唱歌跳舞，整个玉树都充满了欢声笑语。如今在贝纳沟的山坡上，仍然保存着文成公主教人们犁地的田埂，可见玉树百姓对她的感念之深。

美好的时光总是太过短暂，松赞干布和文成公主的蜜月刚满一个月，松赞干布就不得不赶回逻些处理公务。文成公主这才发现，自己已经深深地爱上了脚下的土地。

恰当此时，禄东赞婉拒了唐太宗高官娇妻的美意，悄悄从皇宫中一路飞驰赶回吐蕃，玉树正是必经之地。松赞干布见文成公主对玉树心有不舍，便让禄东赞陪伴公主在此闲居一段时间，自己则飞身上马，赶往逻些处理政务。

松赞干布的暂别并没有遭到文成公主的阻拦，她明了政事对于百姓的重要意义，也真心为丈夫心系百姓感到骄傲。

短暂的失落和沮丧之后，她很快找到了自己要做的事。想起自己已经太久没有感念佛祖的恩典，文成公主不由得心生惭愧，她派人在贝纳沟的悬崖峭壁上雕刻了各种佛像、佛塔和佛经，还用工整娟秀的楷书在山崖上亲自题写了十六行赞颂之词。

大约百日之后，得知文成公主即将离开的消息，玉树百姓无论老小，全都涌上街头与公主送别。文成公主见不少人忙着用袖口擦拭眼泪，心有不舍，不敢再回头。

文成公主离开后，当地百姓依据文成公主的画像，在贝纳沟的石壁上雕刻了一尊文成公主像，让文成公主得以日日陪伴着百姓们，从此贝纳沟被尊为"洞天福地",香火不断,绵延至今。

如今在绝壁之上,文成公主的笔迹已经难以辨识,但她的名字仿佛符咒一般,深深地刻在了玉树百姓的心里。在他们心中,文成公主无疑是降落在凡尘的菩萨娘娘,使他们平淡如水的日子变得活色生香,她一定会世世代代保佑着此方土地,回护着此地百姓的福气和安康。

古道上的倩影

从今日青海省玉树市结古镇再行二十五公里，可见山间千百条五彩经幡从流飘荡，自在安然。沿之字形山沟下山，走过八座小塔，只见一座庙堂连着两处小院依山势而立。当年文成公主行至玉树，曾在结古镇的贝纳沟停留数月，毫无保留地将耕田种树、水磨、制陶、纺织等技艺教给当地人，并留下象征光明温暖的大日如来佛像、佛塔、经文的"三佛天"。

一入庙堂内间，就见正中人像盘坐在莲花座之上，身下两雪狮承托，上下两层八尊佛像比肩而立，壁上浮雕人物丰满庄重，生动神态呼之欲出，还有松赞干布、文成公主等人物画像。山岩上古藏文所刻的经文模糊难辨，可大致推断为贞观十五年（641年）所刻。据说庙西刻有度母像的岩石下二十米处，曾有汩汩清泉流过，是公主洗手之处。可以想象，文成公主瞻仰壁上栩栩如生的佛像，满心感激，不由得洗净双手尘垢，放下心中负累，双手合十，虔心期待佛能给她前行的勇气和幸福的答案。

种种迹象都将这座庙堂与那个温柔美丽的身影紧密呼应，当地人亲切地将它称为"文成公主庙"。

然而，这座庙的始建者却另有其人。唐中宗李显即位不久，为保证"边土宁宴，兵役服息"，将汾王李守礼之女金城公主送往吐蕃和亲。金城公主循着文成公主当年进藏的路线一路西行。路过贝纳沟时，她想必是被文成公主对佛的虔诚和一路走来内心的坚定所深深打动，于是在文成公主当年所刻佛像之上，依山建成一座小小的庙宇，文成公主庙初具规模，经后人的不断修缮成了如今的模样。

道途漫长，生死相隔，文成公主或许曾长久默念经文，祈求佛祖的护佑。这个青葱年华的少女，纵然腹有诗书，却仍然葆有心中的一腔孤勇，努力在异土寻觅着理解和共鸣。

与其说是佛祖应允了文成公主的祷告，让这座庙从此香火不断、流芳百世，不如说是当地民众对文成公主心怀感念的福报。

历史自有卷帙浩繁的烦琐一面，但更多的历史细节，却如珠玑般隐藏在人们的口耳相传之中，永世不灭。

至今，在青海仍然流传着不少有关文成公主的美丽传说。一首藏族民歌这样唱道："是谁给我们带来了百谷？是那尊严的皇后文成公主，带来的谷种五千五。是谁给我们带来了工艺百匠？是那尊严的皇后文成公主，带来的艺人五千五。是谁给我们带来了曼巴（即医生）和医书？是那尊严的皇后文成公主，神奇的药方解人病苦。是谁诱导我们把书读？是那尊严的皇后文成公主，藏族文化从此迈开了步。神圣的皇后文成公主，她是人间最好的呼图克图，给我们造就了永远幸福。"[①]

文成公主，连同金城公主等许多奔走在唐蕃古道上的和亲公主，她们个性机敏而坚毅，甘愿放弃现世安稳，成为唐蕃之间民族融合、经济政治文化往来的有力推手。这些公主把当时领先的汉族文化和科学技术毫无保留地奉献出来，以超越时代的勇气和坚毅在茫茫的雪域高原编织绮丽的梦境，"自从贵主和亲后，一半胡风似汉家"的图景成为真实的历史写照。

[①] 孙娟、达瓦次仁：《蹚过历史的河，歌谣传唱永恒：与西藏民间艺术家协会副主席张宗显谈文成公主歌谣》，《新西藏》，2014年第4期，第29页。

第五回
姻缘·因缘

  遥远的故事之所以能在时代传唱中保留它的本真，大多因为其中有着浓墨重彩的情节，松赞干布和文成公主之间的故事也是如此。文成公主还记得自己刚刚到达逻些城时，松赞干布把一座宫堡式建筑作为送给自己的礼物。然而，他没有履行与自己相伴一生的诺言，十年后便离她而去。文成公主反穿衣服回到山南，希望在那里搜索到松赞干布记忆的痕迹。

第十章　一座城：天真的恩宠

佛到这里不走了

> 东方长安古都，
> 吉祥文成公主，
> 不辞千辛万苦，
> 远嫁雪域吐蕃。

千百年后，淳朴的藏家女人在火塘旁熬着醇香的酥油茶，手中的长柄在锅中用力搅动，口中不自觉唱起这首流传久长的藏歌，已是拉萨最平凡的生活场景。时间的逝去，并未让文成公主的名号被历史的尘埃掩盖，倒是那个叫"李雪雁"的真实姓名，从某个时刻起静静地、永久地进入了沉厚而庄严的史册。

是在长安，唐太宗将她册封为公主，自此华贵与使命注定裹挟于一身；

是在柏海，松赞干布恭谨行子婿礼，将她从车轿中迎入吐蕃的怀抱，自此一眼长于一生；

是在逻些，高寒的土地挡不住人民爱戴的热情，陌生的家园撒满了夫君的倾情呵护，自此青春韶华旋即转为异域人生。

入乡自该随俗，藏族群众已为其准备了一个亲昵而独特的名字——甲木萨（藏语中"甲"的意思是"汉"，"木"的意思是"女"，"萨"的意思是"神仙"），即汉人的女神仙。于是，尾随于"文成公主"之后的，便是这世世代代汉藏交好的佳话。

旅途的漫长与艰辛不免惹人疲乏，但自打上路以来，文成公主就一直保持着礼佛的习惯。每日清晨她必须要做的功课，就是供奉释迦牟尼十二岁等身像。

一路走来，虔诚的祷告始终不断。她孜孜以求地祈念安福，为大唐，为吐蕃，亦为自己。

关于信仰，托尔斯泰在《战争与和平》中说得耐人寻味："假使每个人都只为他自己的信念去打仗，就没有战争了。"而这不正是她此行无归的至上宏愿吗？

在她身后的马车里，是唐太宗送与的嫁妆，沉甸甸如肩上的重任，怪不得后人会给她冠上女外交官的美誉。在《西藏王统记》中，详细记载了随她入藏的陪嫁品，其中有"释迦佛像，珍宝、金玉书橱，三百六十卷经典，各种金玉饰物"，又有多种烹饪食物，各种花纹图案的锦缎垫被，卜筮经典三百种，识别善恶的明鉴，营造与工技著作六十种，一百种治病药方，医学论著四种，诊断法五种，医疗器械六种，还携带各种谷物和芜菁种子等。

而释迦佛像这一项，与其说是唐太宗深知文成公主笃信佛教，考虑到她要远嫁吐蕃，特意赏赐的心爱宝贝，不如说是文成公主自己为修持平静心性争取而来的信物。未来一切无常，她都得持心若水，迢迢长途，她必须尽早地有所准备，向佛祖寻求安稳的庇佑。更何况，这座等身像，是释迦牟尼在世时，亲自命人塑造并为它开光的。如此郑重而珍贵的佛像，见它当然如见真身一般，让她可以从中获得一丝丝安宁。

送亲马队继续行走在逶迤高耸的青藏高原上，广袤的草场与激烈的风沙推进着这条唐蕃古道的和亲队伍渐行渐远，只是这一直被许多传说和故事缠绕的队伍，行进得并不顺利……

车轿中，文成公主偶尔闭目养神，多数时间则禁不住掀开帘子凝望领队在前的松赞干布。高原的烈日和狂风虽将他塑造得黝黑而粗犷，但那高大健壮的身材和眉宇间流露出来的豪爽之气，仍显得十分英武。她不由得沉入畅想，少女的心思放肆地搁浅在她的夫君身上，好似一下子过了许久。

行至逻些北面的时候，只见队伍中，悠悠荡荡的辂辘往前深栽了一截，而后暂缓停歇下来，很多人即时围了上去。

来报说："回禀公主，前方托载释迦牟尼佛像的推车陷进了泥塘。"

她心里咯噔一下，不祥的预兆霍地撞上了胸口。

拉嘎和鲁嘎，护送佛像的两个大力士，一路殷勤负责，不敢有丝毫懈怠，这会儿发现重压下的手推车已被泥沙死死抓紧，两人使尽浑身气力，只得一推再推，一试再试。接着，驮物品的骆驼和骡马等牲畜，几乎全部陷在了沼泽中，整个队伍被迫停了下来……

如果说，翻越天然屏障巴颜喀拉山，跨过激流滚滚的通天河，让这对新晋夫妇合力小试牛刀，那么此时发生的事故，却让文成公主不得不染上了哀愁。

难道佛祖有什么异样的指示？

难道逻些城的风土对这桩远道而来的姻亲还有怎样的疑义？

难道她的未来注定颠簸于这酷冷的雪邦之境？

漫天黄沙席卷，风声呼啸，一种不被欢迎的预感漫上她的心窝，搅扰着初初升起的幸福之感……

"你是大唐，你不是你自己！"临行前与燕德妃倾谈中的字字句句应时淌过脑际，她倏忽就镇定下来，差人取来《历算图》，这大概就是《西藏王臣记》等史料的字里行间重重提及的《告则五行图经》，是为中原占卜、堪舆之要典。

众人不解的目光纷纷投注在文成公主身上，她下了轿，款款地走近佛像，一番测算，心中因由明了，知晓佛到这里便不走了。松赞干布先前已对这位中土的金枝玉叶大有好感，她盛服华美，神态端庄，气度文雅，与原始质朴的吐蕃女子完全不可同日而语，如今再目睹她认真研学的样子，真是既大气又迷人。

"赞普，看来我们得先侍奉佛祖了。"

"好！好！一切由公主酌定！"

文成公主彬彬有礼地报备着，松赞干布笑意盈盈地允许了。于是一行人就在佛像陷下去的地方，支起了帐篷，每四根柱子竖立着撑起一处，释迦牟尼十二岁等身像含笑置于其间。

这一举动在逻些周边的百姓中引起了不小的骚动，他们纷纷慕名前来观看、供祀，口中啧啧称奇，理所当然地也把注视的目光投向了这位身着华服的异乡女人。

这是吐蕃的百姓与文成公主的第一次见面。往后，他们不仅将她视为圣度母的化身，而且成为她珍护以待的子民，共同滋养着这片神秘净土。

典礼上，人心似狂

旭日东升，霞光万道，高原厚土，蓝天白云。

一夜的休整之后，车队越发临近逻些，碾过山口，文成公主探出头来，眼前一片豁然开朗。远处的雪山，绵延着与天际相连，阔大的河谷平原平坦如镜，吉曲河碧水长流，庄稼地整齐划一，黑白毡帐掩映在绿野中，一丛丛装点着河岸，零星石头垒砌的低矮平房前，人影流动，炊烟袅袅，无不展露着生动的气息。

初次印象中的景致美如仙境，她有些受宠若惊，竟情不自禁自语起来："逻些，逻些，这就是我梦中所见的逻些吗？"

眉宇间、神色里、嘴角边，甚至是手脚，都为逻些城的风光所牵动，文成公主顿然跳下红呢车轿，急切地想将这座城宇拥入怀中。中原的庄重，与这片土地的壮美，让这位新到的公主暗中寻到了某种共通的亲切，让她热烈而沉醉。

吐蕃人民的热情似乎在一瞬间就迸发了出来。老百姓们三五成群，从田间走出，从帐篷里跑来，指点议论着浩浩荡荡的队伍：

"那是大唐公主吗？"

"是的，是公主呀！"

年轻妇女们朝着马队的方向簇拥过来，口中惊羡地叫喊着什么，一些老人直接俯伏在地，远远地向公主顶礼称颂，民间的欢迎阵势还在不自觉地扩展。闺中的少女，在长安纵然见识过诸多隆重场面，可此刻面对只为她而发出的兴奋与欢腾的声音，仍是感受到了前所未有的至诚。

第五回 姻缘·因缘

"公主！公主！公主！"

民众的叫喊声丝毫没有减弱的趋势，随着士兵排列成人墙，文成公主却似乎与这些质朴的人更贴近了。他们的身上弥漫着她后来熟稔一生的灵魂的香气，如一种不可剥离的符号，对她敞开接纳与友好的怀抱。

在西藏，凡有人烟的地方就有桑烟。一般藏族人家早晨起来要做的第一件事就是煨桑。据说煨桑不仅能讨得神灵欢心，还能净化周围环境，消除不洁、秽气等，因此是当地最流行的祈愿方式之一。佛经上说，神灵是不食人间烟火的，但要闻到桑烟的香味就像赴宴一样，闻着香味赶来，藏语称其为"智萨"（食味）。在结婚习俗之中，煨桑也是必行的仪式。女方会在出嫁当日早早起来于自家桑烟台上煨桑，祈祷女儿平平安安；男方则在迎亲那天早上煨桑，祈求新娘到来以后，家庭和和美美、幸福安康。

在高山上、寺庙里，在每家每户屋顶上，桑烟唤醒了藏族百姓每一个清晨。而这一天，身穿节日盛装的民众以这样寻常而又别具一格的方式欢迎文成公主，实在是恰如其分，敬仰非常。

松赞干布早已将这盛景看在眼里，满意地从马上一跃落地，径直向文成公主走去。一袭驸马吉服中，装着一颗汹涌澎湃的心。

而文成公主身着红色绣衣缓缓行来，绫罗锦缎的质地、珍奇异宝之配饰均无法掩藏皇家的尊贵。二十五位美丽宫女演奏琵琶，吹奏乐器，将她与和平美好的唐蕃情谊一并护送前去。

此时，红山广场上人潮如海浪般涌动，一顶巨大的帐篷搭在中央高坡上，蒙妃赤江与几位大臣已在外等候，禄东赞环视一下四周，招呼站在典礼彩台前的两名侍卫，说："你们各带二十名部下，一律便装，安插在人群里，保护赞普和公主的安全，万万不可疏漏。"

"遵命！"两个侍卫一起应诺，即刻领命。

俄梅勒赞和恭顿眼色一碰，齐身往前紧走了一小段，对着即将驻足的松赞干布和文成公主连连致礼。二人当初主战抗婚，如今木已成舟，这会儿倒也愿意尽起臣子本分前来迎接。

对于文成公主来说，对面的女主人是她的新朋友。松赞干布在旁，适时地在两个女人之间介绍道："这是蒙妃赤江——这是文成公主。"

蒙妃赤江彬彬有礼，献上哈达。文成公主对气质端庄、风度优雅之人无疑有几分本能的欣赏，赶紧也回敬哈达。随后，她不动声色，只是眼神迅疾地往周边扫了扫，暗寻着早有耳闻的尺尊公主的身影。

在主客互相致意之时，吐蕃官员、贵妇也分别向唐朝随员、文士工匠、侍女仆从等互献哈达。桑烟滚滚，鼓乐昂扬，歌舞与朝拜并序进行，把欢迎仪式的气氛推向了高潮。

在众大臣的陪同下，松赞干布和文成公主缓缓地绕着广场环行，接受百官和百姓的朝贺。他们不断轻扬青稞和糌粑，欢喜地惠泽着这片沃土上的所有生命。

一个妇女将赤裸的婴儿高高托过头顶，隔着士兵向公主喊道："请尊贵的公主给孩子赐福！"

文成公主不明所以，松赞干布在旁及时指点说："摸摸他的身体。"

她对着他会心一笑，按他所教，轻轻地抚摸了一下孩子的脸蛋。那位母亲看到孩子得到赐福，欣喜若狂，又激动又感戴，紧紧将婴孩搂进怀里亲了又亲。

"公主！公主！请赐福，请给我们赐福！"

这下局面一发不可收拾，妇女和孩子们的高呼声四起，围困在人潮中的文成公主被来回推着，她下意识地向松赞干布借力，却不知是谁的手掌抓住了她的裙衫，随着"刺啦"的声音响起，她满心惊惶，一脸不安。

"公主不必害怕，没事的，这是我吐蕃百姓对公主的热忱欢迎！"

听闻此言，她终于慢慢平静。

但见众人手捧着撕成布条的裙衫，激动得泪流满面，仿若得了无上的福气，文成公主这才释然。

人群中，护卫队紧随，侍卫们见有惊无险，也就继续待命。只是恭顿等人脸上略现轻蔑之色，冷冷地哼笑了一声……

娶到你，我三生有幸

吐蕃书籍《贤者喜宴》记载：

"松赞干布登临欢庆的宝座，为文成公主加冕、封作王后。"

这一天是贞观十五年（641年），藏历四月十五日。

个体的光耀与民族的友谊合二为一，缔结成佳话，装点着历久弥新的爱情，文成公主注定在历史的舞台上扮演着举足轻重的角色。

如果不是这样，唐朝与吐蕃的联结，为何因她的存在而加强？

作为吐蕃第三十三代赞普，松赞干布的抱负是明智的。他认定了要寻求"天可汗"的支持，希冀得到"大国子婿"的荣耀；他的雄心是谦逊的，"既而叹大国服饰礼仪之美，俯仰有愧沮之色"，于是放下姿态诚心请婚。

时代的浪涛洪荒而过，当人们一遍遍追忆着那个盈盈秋水的好女儿时，不自觉为她感到庆幸：好在她遇上了一个大气磅礴的如意郎君。

或许见惯了纵横捭阖的哀矜，所以才让这对异族夫妻的结盟格外特别，成为影响千古的伉俪，谱写了光耀世代的文明。

一切都是从那个月光皎皎的夜晚开始的。

文成公主在自己的大帐里弹琴，琴音温婉悠然，惹人无尽遐思。白天庆典的热闹在她胸中回荡，此间拨弦弄曲回馈这广袤的厚土，亦沉淀自己的心境。

松赞干布闻声而来，急急在帐外下马，却蓦地止住了脚步。他一手拦住本要前去通报的侍女，静静地听着，脸上露出欣悦之色。且等琴声休停，他才一撩帐门，阔步走了进去，爽朗大笑，又击掌赞叹："好曲，好曲！大唐真不愧为天朝上邦，文化礼教蜚声四海。小小一个木头匣子，绷着十几根丝线，竟能让人跟着喜怒哀乐，心潮动荡。实在奇妙得很啊！"

"赞普来了！"文成公主活泼地跳起来，行过简礼，见气氛如此愉快，也便不那么"规矩"了。"赞普以为妾只会弹琴呀？赞普知不知道妾还会跳舞呢？"

松赞干布走近几步说："公主聪明动人，想来一定会。但，我吐蕃本就是善舞的民族，公主还能跳过我吐蕃？"

"那可说不定！"文成公主笑着，继续道，"'歌以咏言，舞以尽意'。清新优雅的、慷慨激烈的、风流妩媚的、庄重雄健的……各种花样，妾可都是学过的！"

她的语气中不经意流露出笃定的信心与骄傲，松赞干布来了兴趣："那大唐都有什么舞蹈？"

"总说起来，集体群演盛于单人独舞，排场和队形多有讲究……武舞有《破阵》，文舞有《庆善》，还有《五方狮子舞》……"

文成公主如数家珍，脑中唐宫燕乐历历在目，目光直抵长安，口中又迅疾地将一切妙言坦露给赞普，情味盎然。松赞干布先是现出惊叹之意，可听着听着不觉间眉头蹙起，想必生出了什么疑问。文成公主虽沉浸于宫廷乐舞文化中滔滔不绝，但赞普神色一点一滴的变化都是看在眼里的，她即时停下后续介绍，回贴到松赞干布身边，一手拉赞普坐下，一手调皮又体贴地抚平他眉心微起的褶皱，继而安抚说：

"赞普，莫急，且听妾慢慢道来。

"《破阵乐》本是作战时的军歌。贞观七年，我父皇根据队伍的进退、回护、突破、包抄等行动编制成舞。他先画出队形图叫'破阵乐舞图'，让起居郎吕才训练一百二十人，穿盔甲，拿着戟，照图排练。音律高亢慷慨，舞容纵横凌厉，可谓声震百里，动荡山谷，相当粗犷雄浑。

"而《庆善乐》，取名自父皇生长之地庆善宫，赋诗谱曲而得，风格典雅闲娴。舞者六十四人，穿紫色宽袖裙襦，黑发皮履，舞蹈安徐，以象征文德和洽，天下安乐。

"至于《五方狮子舞》，民间也叫'舞狮子'……"

松赞干布十二分受用，听得入迷。他对这位公主的好感仅在这你来我往的交谈中就突飞猛进。他的确需要重新好好认识一下眼前的娇妻："想来她定是受过丰富系统的教养，不仅才情灼灼，而且学识渊博，措词谦和，真挚而毫无张扬之态；想来她有别于吐蕃女子的珍贵之处，便是那份特有的温柔贤淑，细腻周全，这真是我的福气；想来她与别的妃子迥然不同的就是静如处子，动若脱兔，矜重与玲珑在她身上两相融合，绝伦无比，与我亦真性情相待，直如寻常连理……"

"娶到你，我三生有幸啊！"

越盯着她看，他的心下便越是情意绵绵。

一个男人对一个女人的重重爱意皆在这近在咫尺的似海深眸之中了。

后来，史籍各处都将松赞干布的这份情刻录下来，他果然爱得坦荡而威风：

"我父祖未有通婚上国者，今我得尚大唐公主，为幸实多。当为公主筑一城，以夸示后代。"

绝世宫堡的礼物

执执情缘，让一位君王来表，与其说得一言九鼎，不如做得惊天动地。

难能可贵的是，松赞干布两者兼具，言必信，行必果。他的阳刚威严与文成公主的温淑贤良形成了鲜明的对比，却也赋予了这段故事最为浪漫的元素。关于这份深情，其中，最明显的证据莫过于地处东经91度9分，北纬29度39分的宫堡式建筑——红山宫，后亦叫布达拉。

它因她而起，他为她而建。经历千年的变幻，他们的名字在这里岿然不动，联结得愈益紧密，这不就是爱情？

逻些城西北的玛布日山不高，但名声不小，因为松赞干布对文成公主的默默深情，古往今来，人们更愿意以红山称呼，仿佛每一次的提念，都牵动着那一双人的莺莺语语。

"爱妃，我要为你建一座绝世宫堡！"

相较于文成公主初到吐蕃时二人以"赞普""公主"相敬，随着日常相处中愈发的情投意合，这一对夫妻多了亲昵，语词上自然而然便会有所更改。松赞干布早已打定主意，而现在他要当面向她宣白。

"为妾？妾怎么担得起？"文成公主并无太多讶异，史书中历代王臣兴修土木之事，不乏先例，她只问自己如何相配，因而神情略显疑义。松赞干布个性爽朗，径直回应：

"担得起，担得起！平日里生活起居，文成样样都做得妥帖，还时常同我前往各处领地探望吐蕃子民……"眼见着对方丝毫没有被劝动的意思，这个放达不羁的男人不得不动起了心思,他周折好一会儿才想出一个理由:"帐篷也住过了,是时候体验另一种居住环境啦!"

文成公主不觉笑了,认真地以温言道来:"妾只是尽己所为,爱惜我的赞普,体恤我吐蕃的臣民。先前在行途中,妾就开始为吐蕃百姓祷福,如今和他们在一起,更珍爱其与天地汇通的虔诚与纯洁,愿意以一颗真心呵护保佑吐蕃……"

蔚蓝的苍穹,朵朵白云净如灵魂,碧绿的草原之野,羊群悠闲地漫步,云朵与羊群相映,分不清天上人间。文成公主和松赞干布在众人的簇拥下,相携投身这片丰沃的草场,一次次望着毡房人家的炊烟心生喜意,再与满头发辫的藏族姑娘一齐翩翩起舞。不得不说,她一到来,便将全部的仁慈慷慨倾出。个中的美好,自然随光阴定格,唯留得代代藏族人民无限感恩戴德。

《卫藏通志》载:"唐时,藏王曲结(通经典之称)松赞噶木布(即松赞干布)好善信佛……在拉撒(即拉萨)地方山上诵《旺固尔经》,取名布达拉,为西藏众僧俗所瞻仰。"于是,世人这才明白,本是一代赞普送予爱人的礼物,却俨然成就为一对佳侣普世博爱的见证。与信仰相连,与佛教弘传相关,与注重精神经营的民族特性一脉相承。

其实,"布达拉"是梵语音译,又译作"普陀罗"或"普陀",原指观音菩萨所居之岛,所以布达拉又被称为第二普陀山。传说,松赞干布在红山之巅,亲眼看到天空中现出观音菩萨的圣像和观音法门的六字大明咒"唵嘛呢叭咪吽"六字真言。观音菩萨像闪耀五色彩虹,照射六字真言,辉映整座红山。而后,一座天宫般雄伟、高贵、华丽的殿宇耸立于此。

《松赞干布六字明咒教诫》中说:"红山内外三道围城,中心楼九层,宫室九百九十九间,加顶层佛堂(即观音堂)共一千间。层楼四周,矛旗林立。南面九层殿为文成公主寝宫。围城四周设四门楼,王与公主宫殿之间通以银桥。东城门外,设有赞普之跑马场,以砖石为基,上铺木板包钉,两旁珠宝网络围绕。跑马之时,一马奔驰,犹如十马奔腾之势。"

文字的简笔刻印,已让逶迤与壮丽颇得彰显,而现实中的布达拉,更是美得无与伦比。那一片火红的映衬,既充满喜庆也洋溢热烈,沉陷又端立于整座红山之上，嵌套成布达拉宫的原始魅力。

　　藏族人总是把很多美好的东西，集中于他们所热爱和信赖的人身上。因此，藏族人也将布达拉宫这座雄伟建筑得以建成的部分功劳归结在文成公主这里。她是他们心中永远的至爱，真是"家家户户说公主，村村寨寨有文成"。而对于松赞干布来说，她又何尝不让他生出深深的爱恋与骄傲？

　　通婚，本就是藏民族强烈的自豪感和自信心的体现。彼时刚刚完成统一，他正以年轻气盛的豪迈试探着走进东方世界，怯生生的表情想必亦有，但他居然战胜了，至少在当地的历史和民间传说中，是他力胜各方如云的使者，求娶到了唐朝公主。不但给这个民族心理上带来了极大的满足，而且使它有充分的自信向前走去。赞普松赞干布当然不会放过任何一种光宗耀祖、流传百代的方式。

　　布达拉宫气势磅礴，蔚为壮观，不仅作为吐蕃文化中心显赫一时，它所显示的建筑风格也历来为中外人士所称颂，堪称藏族劳动人民智慧的结晶，更承载着藏、汉等兄弟民族间文化和技术交流的不朽传奇。光阴跌宕，历史沧桑，纵然一代赞普时的布达拉已无法精确还原，但其上系结的种种美丽与神圣、愿景与瞩望，无不随经年流转而传承并叠加在今天的藏族人民心间。他们可能想象，藏族传统的碉房形式、石木结构该是有的吧？又可能猜测，慷慨的文成公主怎能不将中原汉式殿堂建筑的笔墨添加其中呢？

　　迷人的布达拉宫，说不完道不尽，它连同其最初的主人，成了人们心中永远的惦念和守护。

　　公元7世纪，松赞干布初建布达拉宫时，招请了许多汉族工匠，文成公主带来的营造和工技著作皆有了一番用武之地；到17世纪重修时，不但有内地僧人参与设计，而且有汉族匠人前来协同施工，宫内建筑中的梁架、斗拱、藻井等都和中原相同……

　　苏珊·桑塔格说："我不想去爱心态不开放的人。"假若以此衡量，在松赞干布和文成公主之间，彼此都是心态开放，且格局宽阔的样子，怎能不爱，又如何不惺惺相惜？

第十一章　你的一瞬，我的一世

天可汗不是最坚固的堡垒

从浩渺的云天静静俯视这座不求整齐划一，却好似故意错落有致的宫堡式建筑，纵去横来的直线中突显着极其有限的几条曲线，更烘托了它的鲜明个性和独特美感，宏伟辉煌抑或庄严圣洁，排山倒海般逼近，任谁都不由得发出声声惊叹。

红山上的美好才刚刚开始，文化融合的故事正进行得火热。后来的史料如此记述："……遂筑城邑，立栋宇以居处焉。公主恶其人赭面，弄赞令国中权且罢之，自亦释毡裘，袭纨绮，渐慕华风。仍遣酋豪子弟，请入国学以习诗、书。又请中国识文之人典其表疏。"①红宫里文成公主为天下苍生祈福祷告，希冀吐蕃富饶昌盛，唐蕃关系敦睦友好；白宫中松赞干布励精图治，文治武功样样追随着唐朝的脚步，他确是位明主，不仅把吐蕃政权建设得雄霸西域、四邻敬畏，而且汉藏情感日趋和谐，百姓亦乐于成为他们的善男信女。

松赞干布时常对着白宫三层门厅北面满墙的壁画笃神凝思，其上红山宫堡全图和文成公主进藏图，总令他赏心悦目，豪情壮怀。

六层是议事大殿，这天，他的案桌周围，几位大臣正共谈要事。

禄东赞先行顿首，恭敬请罪："臣与恭顿同为赞普排忧解难数载，不想他反叛之心果真十足！从他处置逻些旱灾之事开始，臣便对他多有疑虑，虽一直派人暗自监视，但如今还是让他跑了。这实为微臣失职，请赞普重责严惩。"

---

①刘昫：《旧唐书·吐蕃上》，中华书局，1975年版，第5222页。

"大相不必自责,既已尽心竭力,何来严惩一说?只是恭顿向来形迹诡秘,依贤臣们之见,他此时可能逃向何处?"松赞干布松了口气,琢磨着问道。

"苏毗是恭顿的老家,"禄东赞继续道,"苏毗现在的邦主乃是他的大弟弟,微臣判断,他若有图谋,定会逃回苏毗……"

聂尺尚欲言又止,反复斟酌后,还是决定打断当前的议题。一个顿首后,他尽量放缓语速,说:"禀报赞普,小臣接到大唐急报,恳请赞普即刻启阅!"说罢双手呈上,神色仍露出不安。

禄东赞听后警觉了一下,目光紧紧追向那份急报。

松赞干布利落地展开急报,沉着几秒,突然爆出一阵猛烈的咳嗽。

众臣讶异,不自觉地相向对视。

松赞干布好一会儿才把一纸文书放下,艰难地直起腰来:"长安有消息传到逻些——我大唐,天可汗,驾崩了……"

众臣一起变色:"啊!"转而大殿陷入一片肃静。

随后,文成公主的寝殿里,侍卫官传达了松赞干布的召令:"赞普请公主马上前去议事大殿。"

当文成公主款步迈进大殿时,周身的气氛已向她提示着什么。松赞干布立身而起,和大臣们齐目注视着文成公主,谁也没有开口。她开始觉察到了几分凝重与不祥。

"赞普召妾来此处,是有什么急讯要告诉妾吗?"

梭罗说:"恐惧与勇敢近在咫尺,而且互相共存——向敌阵突进的人,最晓得个中实情。"此间,文成公主直觉中的惶惶之意已被无声燃点,她当然选择一种直接而果断的应对方式,视线在松赞干布和禄东赞之间徘徊。

禄东赞本想回应什么,但心下些许不忍即时漫上眼圈,又赶紧将脸侧转过去。

文成公主紧张起来,环视了一圈后,又把疑虑的神情投回自己的夫君身上,急忙问:"赞普倒是快讲啊,到底发生了什么?"

松赞干布强抑住自己的感情,沉痛地道:"已经好长一段时间了,之前一直瞒着公主，但今天，大唐派遣而来的特使已经来到逻些……就不得不告诉公主了。"

"陛下……驾崩了。"

文成公主呆住，耳畔"轰"的一声有似炸裂，她如何能想到是这等噩耗？身子明显发软，颤抖不已，松赞干布快步从后面相扶，怀中的人儿已然晕厥。

"爱妃！爱妃！"他一声声地喊着。

好在，只一会儿，文成公主就睁开了眼，望着松赞干布棱角分明的脸，心却早飞回了长安，喃喃低语："父皇，不及儿臣回家拜谒，您就……先去了……"话未言毕，悲声大放，凄切冲天。

纵然如此，一个异域女儿心中的悲伤如何倾尽？

松赞干布收起所有的怜意和伤感，给自己下达了行动指令，理性地发话：

"我马上去接见大唐特使。禄东赞大相，你先送公主回去休息，然后召集群臣商议吐蕃哀悼事宜。"

第七层是白宫的最高处，这里的日光殿正是礼待宾客的宫室。绵密的史籍载录着唐蕃关系的种种联系，却将那位前来吐蕃告丧的使者之姓名淡淡地隐去了——大抵多数使节殷勤地奔走于这项光荣使命，早已习惯把自身声名忽略，以一颗忠心无私奉献给赞普。

此时，唐朝的悲歌在青藏高原响起，天上地下，鹰、葵吼叫，泣诉着一代贞观盛世的挽歌。而松赞干布，身为吐蕃的赞普，细数与天可汗的几度交往，心情实在不由得沉重与惋惜。

《西藏史地大纲》记："第一世藏王以后，除宗教神话外，其关于政治、经济、社会等之变迁状况，类皆语焉不详，国内史书，其有记西藏历史者，且多自唐时之弃宗弄赞（即松赞干布，为汉籍译音）始，此盖以弃宗弄赞之前，藏人文化未开，又未与中国交通故耳。"

"吐蕃自古不通中国"，几近空白的唐蕃关系，在唐太宗和松赞干布的一番作为下，发生了翻天覆地的变化。吐蕃自此开始，便与唐朝密不可分。

死心塌地的驸马

究竟是在什么时候，什么机缘开始钦敬唐太宗的？当松赞干布思考着这一问题时，似乎只有三种可能性值得考虑：或者是从某个晚上获知《破阵》等乐舞是陛下亲造的，或者是在年深日久中暗自揣测他培养了多少文成公主样的儿女，或是与他"安危在于人事，吉凶系于政术"等悖于传统的理性主义相契合。

贞观十九年（645年），唐太宗征伐高句丽归来，松赞干布遣禄东赞奉表以贺："……天子自领百万，度辽致讨，隳城陷阵，指日凯旋。夷狄才闻陛下发驾，少进之间，已闻归国。雁飞迅越，不及陛下速疾。奴忝预子婿，喜百常夷。夫鹅，犹雁也，故作金鹅奉献。"

言辞之间，尽是对上国的瞻仰与拥戴，对唐太宗亦尊崇有余。不错，松赞干布确为赤诚之人，行动胜于语言。

恩赏到来得也很及时。

太子李治嗣位，授松赞干布"为驸马都督，封西海郡王"，送来大量金银、绢帛、诗书、谷种，并特为文成公主准备了珠簪等饰物，以嘉勉她和亲抚蕃的功德。松赞干布看在眼里，备受鼓舞，很快遣使入朝吊祭，还令吞弥·桑布扎上书唐朝宰相、高宗之舅长孙无忌说："天子初即位，若臣下有不忠之心者，当勒兵以赴国除讨。"同时，他献上金银珠宝十五种，请代置先皇灵前，以表哀思。死心塌地的驸马，竭诚表达着他的忠心，李治十分感动，又晋封他为賨王，更赐彩帛三千段。

第五回 姻缘·因缘

松赞干布自然也不忘他的兴蕃大业。吐蕃使者到长安后大开眼界，请求赐予蚕种以及酿酒、碾米、纸、墨等方面的工匠，李治都一一答应了。至此，唐蕃关系，在文成公主联络的基础上，达到了水乳交融的顶峰。

对于离家丧亲的文成公主个人来说，此间心中却是思绪万千，感慨重重。逻些内外，长号齐鸣，整个城市都随她沉浸在巨大的哀伤中。桑烟漫漫，将家家户户的脚步幻化，偶见行人沿街走过，也低垂着头，步履沉沉。

红宫的主供佛殿帕巴拉康（意为"超凡佛殿"）成了祭悼的主要场所。殿中，磬鼓声声，哀乐细细。中国古代儒家早有"事死如事生"的观点，孔子把"孝"的内容，概括为"生事之以礼，死葬之以礼，祭之以礼"。送死和养生同等重要，丧葬的礼俗是对故者亡灵的一种安置，其仪式贯彻着对祖先的崇拜精神。对此，文成公主自是了然于心，现下，她妥帖而有序地进行着一切，为子为臣，都至为谦恭而虔诚。

偌大的灵牌，竖立于供桌上，端然庄敬。十几个汉僧在桌前诵读度亡经。前来祭悼的人流长如队伍，从主殿排到了山门以外。质朴的吐蕃臣民，依照他们致悼的风俗，松散发辫，轮流守候着祭拜中土唐朝先皇的亡灵。

灵位旁一只蒲团上，文成公主身穿白色丧服跪立，专注念经，她眼帘微阖，神情肃穆，该是种种情愫都蕴化于心，在经句中，一并吐诉给那离世的父皇，那遥远的长安了吧。

松赞干布由禄东赞等大臣跟随着也进来了，向先皇灵位焚香、行礼，不无哀念。他原本想是否应该陪她亲往长安，到先皇陵墓前哀悼，却见她整个人都深潜于平静之中，一心一意以经文排遣着无限忧思。他有些心疼，有些愧疚，也有些安慰，幸亏她是如此坚忍而柔软的女子，连这般苦痛的时刻都能轻易找到自我之境。他因而更珍爱她，甚至感到应该补偿她。

吉曲河畔的草场，是俩人常去散步的地方。这里视野开阔，水流潺潺，渲染着生命的鲜活力量，在这个时段，松赞干布更觉得要多带文成公主出来走走。

晴好时日，他虽不时咳嗽几声，却因身旁爱人的精气神大有恢复而怡然。

"赞普为我父皇之事操带，可要保重身体啊。隐痛疾患，万不可疏忽，有些事情就交给大臣们去办吧。"文成公主爱忧交加，神情不免流露出担忧。

松赞干布听后，感到暖心，只是疲惫地笑道：

"吐蕃统一是我一手恢复的，这片疆土和这里的百姓都是我肩上的责任和心头的使命！如今，我吐蕃与大唐交往甚好，该是办好我们自己的事的时候了。

"半年前，恭顿副相与象雄首领联手作乱，现在已查实他潜回苏毗，且不思悔改，继续散布叛乱谣言，我与众臣商定，不日将向苏毗发兵……"

他说得越是正义凛然，她却越是忧心忡忡，一句"可赞普的身体……"不及他话头落停，就脱口而出。她从来不是蛮横的，但也有些女人的小心思。

澄净的河水，滋养着他们在吐蕃大地开出的爱情之花，那斜阳的光线罅隙，好似拉扯着"桃之夭夭，灼灼其华，之子于归，宜其室家"的咏叹，嘤咛婉转，传散开来。

他百毒不侵，除了瘟疫

要了解一个城市，比较方便的途径不外乎打听那里的人们怎么干活，怎么相爱，又怎么死去。

加缪在《鼠疫》中如是开篇，想必将之深深印证后才坚定地放在这样重要的位置。

跃过千余年的斑驳往事，回望彼时的逻些城，松赞干布和文成公主想必是一对绝佳的楷模。他理政她护家，二人你侬我侬，相伴相携，即将步入第十个年头，彼此仍情深意笃，实在难得。

自从长安哀歌响起，途经三千余公里，讣告方至逻些，已让文成公主经历过一次生死劫，她将漫长的告别搁浅在与松赞干布共同经营的土地上，又因而更珍惜他在身边的时间，仿若一个不小心，他也会离去。

这是她的哀愁，也是她的真情。她不刻意遮掩，亦不吝于言表。

"父皇升天了，妾的眼前，只有赞普一个最亲的人了。

"妾一刻也舍不得离开赞普。

"妾要为我赞普分劳，要亲自照看我的夫君啊。"

松赞干布心下不无怜爱，他何尝不知她的忧惧，既不舍她操劳太多，又想不到更好的安慰之道，既放不下这样懂事的爱妃，平定内乱之事又迫在眉睫，他尽量笑着，可额头几条褶皱免不了将心志一一说破。文成公主果然辨识出了这一切，他试图说什么，她竟即时按住了他的唇，深情凝望，继续占据着话语的主动权：

"妾知道赞普在想什么。君要骑上高头大马，扬起浩浩旗幡，亲临苏毗，对峙恭顿。请赞普让妾一并跟随！妾懂医术，但凡需要，也可及时料理军阵后方……"

他当然对她深信不疑。

确然，文成公主入藏时，随行带去了大批中医书籍和百工技艺人员。这批医典由松赞干布组织人力译成藏文，取名《医学大全》（藏名《门杰亲莫》），随后，饱尝文明甜头的赞普又特地从天竺、唐朝和大食聘请名医，联合编纂了一部长达七卷的医书——《无畏的武器》（藏名《米吉冲恰》），并下令所有藏医都要依此学习。

余音尚热，草原上，洪流滚滚的吐蕃大军，紧急行进，夜宿一道山梁下。大帐中，文成公主正给松赞干布针灸。同行的藏族医师做了助手，铜盆巾帕侍候在旁，酥油灯燃着，照出一片温馨与和谐。

"别动，"文成公主嘱咐着趴在卡垫上的病人，"还有一针。"

"真是的，"松赞干布不由得焦急叹道，"不过是个小风寒，就拖了我数月，唉……"

文成公主强作笑容，安慰说："赞普自己不是说过，你是一只高原上的雄鹰吗？雄鹰也有被暴风雪扑打一下的时候，赞普会好的。"

"哈，"松赞干布也笑了，"原先是我宽解你，现在是你宽解我了。"

"妾有个建议，还望赞普肯准，"身为人妻的她忖度一阵，还是关切地吐露了心声，"我军大队现已逼近苏毗，鉴于赞普的身体现状，妾的疗程还未告一段落，赞普应'谨遵医嘱'静养才对……可否先派禄东赞大相带兵前往谈判，探个究竟？"

如果说，共赴苏毗，是文成公主对夫君的一个请求，他因懂得她的爱意而答应，那么这一次涉及的可是吐蕃政权的内部安危，军政大事并非她读过几本兵书就可以断论，她虽然有些跃跃欲试，心下却全无把握，但还是禁不住要表达出来。

不知何时，藏医已默默退下，文成公主完全没有一点说服力。手下针刺放血，静待气脉宣通，空气中也顿时陷入沉寂，唯有松赞干布的回答才能打破这气氛。

"……先前禄东赞大相也这样跟我讲过，他愿担统帅，跟爱妃一样，比我自己还爱惜我的身体，劝我为吐蕃百姓做长远考虑。……好吧，好吧！"他边思考边悠悠地道出，一句接着一句。她守在身边，虽请求获准，心里却又即时腾升起别的什么。当下她要做的就是照料好爱人的身体，当一个全能的医生——如果可以的话。

第二日，禄东赞仅带十几骑，向着苏毗古堡飞驰而去。而吐蕃的中央大帐里，君臣齐坐，似乎在等待着什么，场面略显压抑。

松赞干布忽地又咳嗽起来，文成公主赶忙替他按摩肩背。

"些微小事，爱妃不必紧张。"松赞干布起身回头一笑，又向众臣大声道："坐在这里担心什么，大相足智多谋，自请深入古堡，定能考查出恭顿的真正用心。走，我们到帐外晒晒太阳、吹吹凉风，方不浪费这塞外风情！哈哈！"

沉闷终于被打破，大臣们起身，簇拥着二主向外行去。

明丽的阳光下，文成公主对松赞干布小声言道："不知道禄东赞大相那边进展如何。"

松赞干布自信："恭顿小儿，现在还不敢放肆。"

"恭顿可不比象雄首领心思简单，"文成公主道，"对付恶狼，即使睡着了也要睁一只眼睛。"

松赞干布欣喜地投来赞许的目光："爱妃，实在伶俐，怎么和我想的一样啊？"

"跟了赞普这么久，想不相通都难！"一阵银铃般的笑声在这旷野中扩散开来。

事实上，在决议改变策略的那一刻起，松赞干布已和禄东赞将各种可能性都计算好了。只要是人，就会有弱点，以此进攻，必得其胜。往后几日，禄东赞间或来报，进程如此顺利，松赞干布更是稳坐中军帐，待到精兵归来时，果然是捷报。

最后的审判来了。恭顿兄弟及其儿子，跪于面前，正待松赞干布下令处置。

"一人做事一人当。请赞普收下我的头颅，免去其他人的死罪。"叛臣屈服了，但也在巧打亲情牌。

松赞干布止不住咳嗽，神情却异常威严，他清清嗓子，直起腰身来："你想以一己之死，来换取对所有叛贼的赦免，我却是万万不会答应的。禄东赞大相，军功煊赫，忠心耿耿，你实在枉与其同朝为官。来人，将所有叛乱人等，根据《六类大法典》中的相关条款，一律明正典刑！"

文成公主急忙轻声道："赞普不要急，当深加考虑。"

"哦，"松赞干布将视线转向她，"爱妃有话讲？"

她只用眼睛扫了一眼，他便知晓其意，颤颤地挥挥手，卫兵们即带叛贼一并退了出去。

"爱妃请讲。"

"阿弥陀佛，我佛慈悲，请我神圣赞普赦免那些人吧。"文成公主合掌念了一声佛，表明立场。

"为何要赦免？"松赞干布不解道，"他们一旦有机会，第一个念头，就是为恭顿报仇，再度为祸我吐蕃。"

"赞普的新政推及吐蕃四方，恩泽万物，人人衣食无忧，有谁还会听某个疯子登高一呼而响应造反？更何况，冤冤相报，何时终了，吐蕃将永无宁日。但赞普若赦免他们，用慈悲之心去温暖和化度他们，却可图得永世清静太平。赞普是要一时安宁，还是要长久和平呢？"

文成公主款款叙来，虽神色安详、举止平和，但内心异动的忧虑仍没有减弱。他的身体经由一次次的诊疗，她怎么能不明晓真相？她亦并非没有预感，只是不愿及早承认这事实。现下，她能做的就是，尽己之力，助他的大业多几分安稳。

而他自信百毒不侵，却不知瘟疫已悄然蔓延……

赞普的遗愿

松赞干布笃定了吐蕃会长久清平，但还担忧叛臣的沉渣一气，难道他割舍不下眼前平定内乱可获的威名？他确信她的考虑和建议皆利于百姓，但他也深知壮大吐蕃政权的不易，后代的祸福他怎能有所预见而不予作为？

他思前想后，忆及那位先逝的英雄——唐太宗，他认为，是人，而不是天，决定着人们的命运。于此，他释然了。

"公主所言甚是，令我心胸大开，我是吐蕃的赞普，当然希望我吐蕃永世平安。"

"赞普有这颗心，就是吐蕃臣民的福气。"

"爱妃才是我的好福气啊！"

两人你一言我一语地逗趣，松赞干布思绪未断，仍咂摸着佛教思想的"高深"。他的确是在文成公主的影响之下，对这门学问好感渐深的。并且他也早将这门学问化作了实际行动。

《六类大法典》就是切实的明证。其内容是《以万当十万之法》《十万金顶具鹿之法》《王朝准则之法》《扼要决断之法》《权威判决之总法》《内府内法》，分别规范行政与军队、度量衡、人们的行为及审判过程中真伪奖惩责罚等方面，可谓"诸法合体"。其中，佛教思想深厚，且尤以《王朝准则之法》体现最盛，不仅明确"克敌制胜国泰民安，治理内政保护臣民，利益后世推行佛法"[①]三个应实施的行为，还拟定了不杀生法、饮酒节

[①] 次仁潘多：《试析松赞干布时期的法律》，《西藏大学学报·社会科学版》，2007年第3期，第44—46页。

制之法等具体条例。

　　戒律是佛教的道德学。松赞干布以开放之态，吸纳一切有利元素，颁布了吐蕃史上第一部成文法典。与文成公主一番讨论，让他再度对法令与道德双管齐下的制约力有了更深一步的认识。可想而知，文成公主在吐蕃建设中扮演了怎样重要的角色。

　　诸事安妥，大军班师返回逻些，行进在雪山脚下，松赞干布艰难地骑着马，众臣小心翼翼地陪侍在旁，文成公主更是不敢把视线从他身上移开丝毫。

　　高空中，一只雄鹰盘旋于雪山之巅，松赞干布久久仰望，自语："好鹰，像我吐蕃的英雄……"不觉间，他在马上趔趄了一下。

　　爱实在让人胆小。就是这一个动作，文成公主便赶紧将手中的缰绳一拉，调转马头到他身边。她不能责备他不坐马车执意要自骑骏马的逞强，她最理解他的性子，即便心疼，也只好让他遂愿。松赞干布自然了解这份体贴，抑或是纵容，他盯着她，强作轻松地笑道：

　　"没事的……回到逻些，我还要听爱妃的琴……"

　　"赞普，"文成公主忍着悲伤，"妾也在学吐蕃的歌。赞普一定要养好身体，等着妾一起演奏给你听啊！"

　　"那好，那好啊……"

　　广袤的草原上，马队浩浩荡荡地徜徉，不快不慢，似乎找不准行进的频度。待到松赞干布迷蒙的双眼渐渐睁开时，他已经躺在毡垫上，呼吸急促，由文成公主扶着，一再为他揩着冷汗。

　　"离逻……些还有多远？"赞普声音虚弱。

　　文成公主赶紧回答："还有五天，赞普，我们就要到家了。"

　　"我想骑马……"松赞干布撑着气力，慢慢吐字，又尽可能连贯着："有好多事，等我回逻些……去做……"

　　彼时，吐蕃境内瘟疫横行，他的身子已有劳疾，从踏上归途起，就不可避免地受到感染，病症一触即发。中央军帐外面，以禄东赞为首的大臣们静静地伫立着，一颗颗心任风沙浅浅撩动，战战兢兢，毫无安生。突然，帐篷里传出文成公主撕心裂肺的叫喊声：

"赞普啊！"

两道眼泪从禄东赞眼里唰地一下流出来。

瘟疫，这个夺去文成公主心上人的恶魔，并非一种具体的疾病名称，而是对大规模流行性急性传染病的泛指，中医称之为"瘟疫""瘟"或"疫"。这一词，长期以来被隐喻的含义所充盈，用来指代最严重的群体灾难、邪恶和祸害，同时也通指众多令人恐惧的疾病。

对于这场似有而无的瘟疫的考证，史家并没有给出多少靠实的依据。

可无论如何，逻些城会接他回家，为他悲恸。

高原上空，乌云笼罩，桑烟弥漫，哀乐大作，法号长鸣。一支庞大的送葬队伍走出白宫，走过街市，走过红山脚下。

身穿黑色法衣、满身披挂的苯教大法师和数十名巫师领头开道，他们口诵咒语，边走边以体态手势传达着什么。其后跟着的，是上百名手持经幡、法器，吹奏着中原冥曲的佛僧仪仗队伍。

日月图腾柱下，松赞干布的石棺车驾缓缓而行，兽皮大氅罩在上面，势必多了几分深沉的暖意，赞普之剑端然护持在前，似在延续它未完的使命。

灵车后边，蒙妃赤江身着丧服，抱着芒松芒赞，其次是尺尊公主、文成公主等亲眷，她们面容肃穆而悲戚，却也不失高贵与镇定。再往后，是禄东赞、聂尺尚、俄梅勒赞、吞弥·桑布扎几位重臣，以及文武百官、贵族、部族首领，还有不断追随而来的百姓……

浩浩荡荡，无穷无尽，漫天的静穆俨然是最大的哭声。

送葬队伍所过之处，吐蕃百姓捶胸顿足，悲不自胜，他们朝石棺抛着糌粑和牛肉，有的则匍匐在地，大声哀嚎着：

"神圣赞普！你是吐蕃的雄鹰，你这是要飞到哪里去啊……"

"我们等着你回来，我们的赞普啊……"

那似从泥土里发出的呼声，绝地而起，拍打进文成公主的心间。她木木地走着，已没有眼泪，视线在剑锋的光芒中久久凝结，呆滞又有些出神。

风马旗在风中哗哗飘动，将无数悲歌婉转化成吐蕃民众的敬天叩地的至上祷念。

最早的经幡上都印着一匹宝马，驮着燃着火焰的佛法僧三宝，因此经幡也叫作"风马旗"。据说经幡每被风吹拂一次，就相当于系幡人吟诵了一遍经文。它是万能的使者，是沟通灵俗人神的便捷通道。

对于高原上的一代英豪来说，他的遗愿皆在那最后的雄心中——"有好多事，等我回逻些……去做……"——而世代藏族人民的确给了他千余年绵延不绝的爱戴，在逻些古城日新月异的变化中，在藏文明扶摇直上的进程中，在他与文成公主绵延不尽的传说中。

第十二章　眷恋：我会把你镶在来生

反穿衣裳的哭泣

不知是巧合，还是冥冥之中自有安排？

永徽元年（650年），唐太宗去世一年后，一个春光绚烂的日子，松赞干布也走完了他辉煌的一生。

此时驸马都督、西海郡王的冠冕，余温尚存。

自与文成公主联姻的这十年来，松赞干布对唐朝就一直以臣礼自居。对于这份迟来的封赏，他并无丝毫怨言，反以得唐朝的官号为荣。而现在，唐朝仍将福泽赐予这片土地。

《旧唐书》上载："永徽元年，弄赞卒。高宗为之举哀，遣右武侯将军鲜于臣济持节赍玺书吊祭。弄赞子早死，其孙继立，复号赞普，时年幼，国事皆委禄东赞。"

历史的演进总逃不过铮铮足迹的表征。自松赞干布开启的两百多年间，几乎唐朝每一位皇帝的驾崩和嗣位，吐蕃都要遣使吊祭和朝贺，而吐蕃历世赞普的离世和权力更迭，一般又都要向唐朝报丧和告立。有报丧，必有吊祭；有告立，必要朝贺，一往一还，历世不绝。据统计，终吐蕃之世，唐蕃双方，来往于朝贺、报聘和报丧、吊祭活动的使臣，先后约有三十余次。这些出使活动，对融洽双方情感和加强政治关系，都起了积极的作用，更说明唐蕃关系，已发展到了哀乐与共的地步。另外，吐蕃赞普去世后，唐朝除例行遣使吊祭外，还要废朝一至三日，以示哀悼。松赞干布无疑是唐朝第一位受此恩惠的少数民族首领。

唐蕃和亲大幕张开得穿云裂石，但从柏海钟情开始的戏码还没有演足，如今就被迫变成丁零的独角戏。文成公主，她再坚强，也未尝不是常人一个，怎能承受得起接连而来父逝夫亡的灾难？她太孤单了，所以必须找到新的开解方式。

"赞普去了，文成的心也跟着去了。有禄东赞大相和大臣们在，有两位太妃姐姐在，定能很好地辅佐幼主成人，继承吐蕃血脉。

"我意已决，赞普的墓地在老家雅砻，我唯有去雅砻守着赞普的灵柩，继续为他诵经祈祷，才能获得内心的安宁。

"按照汉人的礼仪，丈夫去世，妻子要守灵三年。我入蕃十年来，事事遵从吐蕃的规矩，这次就让文成依我大唐丧俗制度去做吧！"

文成公主的寝殿里，禄东赞与蒙妃赤江、尺尊公主一道前来劝说。而这座宫堡的核心主人却早已下定决心。此刻独白，声调纤柔却任谁都无法劝服她改变主意。禄东赞脸色沉重，眼下终究无语，脑际回想着昨夜文成公主的一番肺腑之言：

"我自幼习读诗书，对我汉家历代宫廷之事了解甚多。芒松芒赞幼主年少，到长大成人，还有一段漫长的岁月。这期间，难免会出现一些权力之争，我如果留下来，恐会卷进左右为难的境地。我毕竟是大唐公主，不出事则已，一旦出事，我文成身败名裂事小，可要殃及吐蕃与大唐的关系，那是我绝对不愿看到的，也是赞普绝对不愿看到的！"

无论挽留场面再怎样动情，但历史的痕迹给世人指明了文成公主的去向。她要回到藏文明的发祥地去，回到她的爱人生于斯归于斯的地方去。

风和日丽的草原深处，行进着一支小小的车队。这是文成公主在向雅砻前进。关于从逻些到雅砻的路途，不像注定承载"唐蕃和亲，化干戈为玉帛，开辟了当时历史的新局面"的唐蕃古道那样受人瞩目，地理学家们似乎也不愿打扰这位和亲公主雪域孤旅的痕迹，所以并没有留下太多故事。只留下了一个久远而凄美的传说……

因为夫君早逝，又独处异乡，初期郁结难解，文成公主经常把琵琶反穿，行至哲古草原时，就地歇脚。清澈的湖水，映照着她惆怅的脸庞，而放眼四周，一望无际的阔大绿野空旷如怀抱，正前方喜马拉雅山脉南麓连绵起伏，背后雅拉香布雪山雄伟壮观，夕阳轻轻飘移过来，正像她的身体一样，随脚步游荡着，试图寻找着、捕捉着什么，偶有哭泣，却只能无声倾怀。

就是此情此景，被一处叫扎扎的地方的百姓所效仿，于是有了今天山南洛扎、扎囊等地反穿花氆氇的习俗。

许是善良的当地民众，不忍文成公主的悲伤代代相续，执意的体恤和美好的加工，系在一千多年的斗转星移间，又衍生出了一个乐观、并颇显活泼的版本：

相传，有一次文成公主来到甲玛沟，品尝到扎扎牧民敬献的牛羊肉及糌粑后，赞不绝口，并答应亲往做客。到达目的地后，牧民们举行了为期三天三夜的欢迎仪式，载歌载舞，把酒言欢。草原顿时变成了欢乐的海洋，美酒飘香，酒歌回荡，充盈着前所未有的喜悦。

少女们围着公主，有说有笑，酩酊大醉亦显出可爱，而非放肆。敬酒时，一个不小心，酒水洒在了文成公主的肩上，她的头发也被弄散，竟立刻变成了形似六十六条细辫的发式。这怎能不令人开怀！

当松赞干布处理完政务赶到时，文成公主闻声大喜，来不及整理头发，匆忙中就把湿透的衣服反穿着奔出帐篷，迎接夫君。扎扎的妇女们看到如此装束，啧啧称奇，觉得别有一番风情，便纷纷效仿，用氆氇缝制成"长反型"藏袍，里面以蓝布或红布镶边，花布则镶在外，一直沿袭到今天。

失落也好，雀跃也罢，往日的缱绻情意连及俊美姿态，早已超越了故事的真伪。站在扎西次日山上，就能望到远处的雅拉香布雪山。家园般的哲古草原和神镜一样的哲古湖永远是"扎扎服饰"的发源地，承载着文成公主对松赞干布的情深如海。在这里，非物质文化遗产的成功申请固然对此是一份郑重的纪念，但当地百姓始终保有氆氇反穿的习惯，大概更让这一段姻缘鲜活而绵长。

正如，文成公主自己在来藏前悄悄了解过吐蕃赞普后说过的话：人生在世，终身伴侣为要。

和丈夫挚爱的一切为伴

金色的阳光，碧蓝的天空，绵密的祥云，广袤而荒寒的牧场村寨，庄严神秘的寺院，纯然朴素的民风，无求而友善的眼神，山歌、酒歌、驮马铃声的交响奏鸣，人文与自然景观的智慧与和谐……正是吐蕃的这些珍贵之处，让文成公主心甘情愿地嫁给了这片高原。

但凡生命的起源都离不开天地造物的自然优势环境，与吐蕃大部分地区严酷的地势条件相比，山南地区的雅砻河谷一马平川、阡陌纵横、土地肥沃，就是在这块神奇的土地上，吐蕃百姓曾抒写出世界屋脊上远古文明的美丽篇章，吐蕃政权就是在这里发轫，谱写了无数的"第一"。

吐蕃先祖为什么在雅砻河谷开垦了第一块农田，建立了第一座宫室？沿着河谷走，她的心弦已完全为眼前莽莽大山和浩浩河水所占据，所牵引。初到这里，内心的悲伤似乎因景致太美、惊奇太深而无暇顾及，也在一定程度上佐证了她这一决定的正确性。

山脚下的沙丘，柔软又慷慨，有的沙子一直从缓坡的山顶铺展到山脚下。恰恰这一段的河道最平缓、水面最宽阔：从上游过了曲水，两面的山就夹住水流，河道变窄；而下游还不到林芝，水流就变得湍急了。雅砻谷地得天独厚，赋予了从狩猎部落到农居的藏族祖先充足的水源和相对平整的土地。

想及此刻，她才恍然明白，自己深深爱着的吐蕃，不仅有粗犷豪迈的一面，也有精细谦和的一面，怪不得在夫君松赞干布的身上，不单张扬着雄鹰般的威武勇猛，还渗透着同中原土人一样的礼貌体贴，侠骨柔肠，这些词藻他再担得起不过。

车行往前，进入乃东宗泽当，雅砻河穿城而过，在城南汇入雅鲁藏布江。

在藏语中，"泽"意为玩耍、嬉戏；"当"意为平滩、平地。这一地名，源自当地所传观音菩萨点化神猴与罗刹女交媾繁衍出人类的神话，"泽当"因"猴子玩耍的坝子"而得名。

沿着雅砻河谷向上游十五公里，屹立着藏民族最早的骄傲——雍布拉康。据说，公元前300年前后，藏族先民已经学会喂养牲畜、种植定居的生活，并形成了若干个部落，信奉原始苯教。一天，在雅砻河流域的一块草地上，牧人放牧时看见一个小孩相貌堂堂、气宇不凡，就把他驮在脖子上，请回部落居住地。精于打探的教徒们纷纷询问他从哪儿来，但这人并不言语，只是用手往天上一指，族人便把他当成"天神之子"，这就是后来吐蕃的第一位赞普——聂赤赞普（意为"颈座之首领"）。为了防止其他部落的侵犯与野牦牛群的冲击，聂赤赞普在位于泽当不远处的扎西次日山上，建造了这第一座宫室。

语言是探究古迹建筑的最富耐力的隐形助手。"雍布"在藏语中是母鹿的意思，"拉康"即庙宇或宫室，所以雍布拉康多有"母鹿后腿上的宫室"之说。它的规模不大，却有一种低调的静穆，主体宫室的建筑共三层，攀至楼顶，极目远眺，雅砻河谷美丽的田园风光尽收眼底，视野极其开阔，令人赏心悦目。

如果说，松赞干布为文成公主而建的布达拉宫已是吐蕃宫堡式建筑的恢宏典型，那么，加注在雍布拉康之上的历史、技艺、文明的元素正在以一种格外悠远而朴素的样子静静发光，它的风格更为纯真。

整座建筑外形呈倒斗状；门、窗设计很小；大梁、椽子木等建筑木构件短小，从而使屋内横向空间显得低矮；柱头及柱头长、短托木没有更多的雕刻修饰；由于当时采石工具不发达，建筑石材不规整，墙体砌筑必须具备的横向水平和纵向直线的要求只有靠工匠高超砌石技术和丰富经验来解决，这样形成的墙体砌筑技术恰恰是藏族本土早期建筑的一大特色。

历史的飞跃出现在公元7世纪。在松赞干布还是三岁婴孩的时候，父亲南日伦赞便统一了这片高原。所以他的幼年正值吐蕃势力蒸蒸日上之期，吐蕃赞普由山南的部落首领一跃而为各族的共主之后，又具有了一定专制权力，地位可谓大大改观。

"父死子继，绝嗣则近亲袭焉。"身为南日伦赞的独子，松赞干布即是赞普的合法继承人，其家族和臣民也相信，他可以为吐蕃带来更大的光荣和胜利。因此父亲对这位独子的培养和教育极为关心，自小便对他进行分外严格的训练，无论骑射击剑或其他武术都达到最高的标准，在竞技角力时常常获胜，十岁以后，这位少年勇士便以武术超群出众而知名。

文化修养方面，他能够背诵赞普世系，对许多历史英雄的传说也相当熟悉。他最喜欢的是吐蕃民歌，会对其中优美的声调和生动的语言深入研究和推敲，以至于后来可以在宴会上即席赋诗。由于身份的尊贵与优越，再加之父亲好客的熏陶，他对于豪华的宴会也非常喜欢，认真练习着应酬的礼节，泰然背诵预先拟好的对答，自然声名远扬。小小的赞普继承人已在父亲的亲自调教下，初具风范。

南日伦赞深得培植"亲信人"的益处，所谓"其臣与君自为友，号曰共命人"，因而也为儿子选拔了一批这样的朋友。其标准主要着重道德素质：行为端谨、诚实不欺、聪明智慧、精擅武技，样样注重。如此，骑射游猎，歌唱舞蹈，围棋、陆博成了松赞干布和朋友们交往的惯常项目。

十三岁以前，这位快乐的少年就这样生活得无忧无虑。他对朋友推心置腹，豪爽而无娇贵习气，因而深得人心。他的世界里充盈着赞美，他感到一切民众都俯伏在自己脚下，便愈加相信赞普即天神的古老传说，把自己当作天生的人间主宰……

崇敬之意越重，疼怜之心越深。巨大的时代史诗在这宁谧端重的雅砻河谷垂下幕来，文成公主怎能不感到震撼，继而又思念？时空的交相辉映，形如想象和真实之流在她面前汇合，影影绰绰，模糊却也清晰。

她有些庆幸，自己的到来与他的展翅高飞，相差并不算太久；

她还有些安慰，自己的陪伴同他的大业雄起，尚且致密相连；

她甚至有些宽谅，他被委以扫荡疾病的重任，至少与百姓患难与共，砥砺并行。

他别无选择。试问，他还能采取别的方式吗？面对可怕的传染，她竟理解了风暴何以如此猛烈！

古希腊哲人德谟克利特说："心灵应该习惯于从自身中吸取快乐。"文成公主到底是心怀信仰的人，她的身体即为一座流动的庙宇。

十年婚姻，太多痕迹

这里是泽当以北、逻些以东七十多公里处的墨竹工卡，与后来长久的平和安宁相比，它的往事似乎更庄重豁达。南面一个被称为甲玛沟的地方，因松赞干布诞生在此而远近闻名。甲玛，意为百里挑一的富地，群山环绕、水草丰足，而《西藏简明通史》里更是指明了他的具体出生地——强巴米久林宫，英雄的故事在此盛大延续。执政之初，松赞干布就常在此议事，接待使者来访，会盟、征战、兼并等政治活动中心也是这里。然而文成公主更为熟悉的，是逻些北郊的帕崩卡。她的夫君曾在那里潜心学习文字。当吞弥·桑布扎奉命从印度学成、创制藏文、前来献呈之际，正是帕崩卡与松赞干布共享了这一历史性的时刻。

当他面对神奇的藏文而惊叹时，一定想到过，文字是何等宽广深厚的母体，是一个民族达成认同共识的依托，是民族文化安身立命之本，是承载古往今来的不朽舟楫。由文字凝聚而成的民族不易解体，从此屹立于华夏民族之林。生活方式不是不可更改的，宗教信仰不是一成不变的，我们的世界无时无刻不在变易之中，只有文字，决定了我们的内在样貌和属性。

其后，一代赞普潜心研习新文字的拼写、文法等，终日闭门不出，度过了四年静修岁月。于是大臣们议论说："赞普久不出门，如一愚夫，吐蕃平安全靠我等守护。"

松赞干布闻此谣传，心中想道："如果将我视作愚夫，岂能治理吐蕃！我当驯服臣民！"于是召集众臣说："我不外出走动，定居一室，是为众人之安乐。众人笑我愚痴，说吐蕃和平繁荣是众臣所为，实非如此。我吐蕃和平繁荣之事，是我令众臣所为，现在必须制定长治久安的一部大法。往昔，吐蕃没有统一的法规，各邦、诸侯部落各据一方征战，民不聊生，水深火热。如果现在仍无统一的法律，罪祸横行，我的臣民会再受痛苦。是故应制定法规。"

于是松赞干布制定了"基础三十六制"，《六类大法典》即在其中。

相传松赞干布曾在这座集结着军政、外交、文化功能的宫室附近磐石下的岩洞中修行，后又在龟状的磐石上修建了一座九层楼高的玛如宫堡。当然详细的史实如今已无法考证，只有他的名字，在这块沃土上，一遍遍被提起，被呼唤，被记挂，被崇拜。

当走过他曾经的居停之所时，她百感交集，再往下走，就怕要见识那个重大决定付诸实践的结果了——迁都逻些。顺天意而庇祖荫，自然为最直接而流于表面的说辞，更深层次的考虑是基于吉曲河流域地势雄胜、交通发达等的战略分析。

他要做前辈没做过的事情——雅砻故地偏远了，墨竹太小了，他要把都城建在吉曲河畔的红山上……有了这一开端，这只"出于幽谷，迁于乔木"的展翅雏鹰，从此一发不可收拾。

是幽幽的足迹，还是迟迟的车队？是形单影只的怀思，还是三五成群的集体行动？自一行人将文成公主送别逻些后，她的心就随他的魂彻底转移了。再临近这座城池，恍如隔世，她的心绪又会生起怎样的波澜？对此，谁都无从得知，亦不愿做太多揣测，姑且就让她专注地保持自我的本真吧！

十年的婚姻，有太多痕迹，散落于吐蕃的大小寺庙，就是他们的标识。松赞干布以开放的心态播下了佛法的种子，让精神的花朵绽放在高原的土壤上。文成公主自然是欣慰的，游荡的身子终于回到了雅砻河谷，在泽当的昌珠寺定居下来。

念佛，是她离开长安后便日精夜进的功课，无论漂泊还是安稳，她都有一颗虔诚的心。

长长的日月之中，她身停于此，却触通着往昔的朝暮与须臾，花木繁茂是一种似曾相识，水碧山青亦为一份悠然自得。

据寺史记载，昌珠寺是文成公主进藏与松赞干布联姻时修建的寺院，最初规模较小，只有六门六柱和祖拉康。祖拉康铜铸三世佛，塑造精致秀美，似融进了汉唐某些风格，门柱上有木雕护法神（系保卫佛教的天神）坐像，体形矮胖，形态怪异，雕刻浑厚，刻风古朴。它的风情是简练的、质朴的，并不张扬，或许是因为其本是大昭寺工程的附属物，天生便没有怎样涌动的活力，而唯留镇静的特性。

擅长历算的她，测出吐蕃地形如一女魔仰卧，而其一只胳膊就在山南地区贡布山的西南方。那是一个大湖，湖中有一条五头怪龙作祟。有诗云：

> 松赞干布长于武，文成公主巧于算，
> 拉萨要建大昭寺，算出妖魔在作乱。
> 五头怪龙在湖里，祈求大圣来除患。
> 镇服怪龙驱鬼邪，松赞干布修成仙。
> 摇身一变成大鹏，飞上高高铁布山。
> 怪龙出水一露头，大鹏俯冲把头啄。
> 一连五次大搏斗，五头怪龙永不见。

为了镇服怪龙，使它永世不得兴风作浪，便填平湖泊，在上面修了这座昌珠寺，其意为"鹞龙寺"。有意思的是，佛陀在优娄频罗村传道时也降服过一条毒龙。

对于这样的故事，想来笃信佛理甚深的文成公主是了如指掌的，她擎着意念，将之与道德感召联结在一起，而高原上的万千信众势必也是熟稔于心的。不耽于迟疑的灵魂，一定会卸下全部虚妄，甘于做松赞干布的信徒，顶礼膜拜，孜孜以求。

忠贞是她的立场

时光飞逝，日月如梭，多年光景一晃而过。文成公主站在丰茂的草原上，风拂过她的眼睛，扫过她依然年轻的脸庞，好似每天照面般的问候。

她确实以绝对的忠贞于后世扬名，但这不表示其中毫无曲折。

这是一个春夏之交的日子。雅砻河谷的景色非常怡人，青稞碧绿，菜花金黄，在雍布拉康为背景的田园风光衬托下，妇女们围坐在帐篷外的草地上，向中间一位讨教编织氆氇衣的技法，奇特的花色在她们的笑脸下显得更为明丽。

"……莫啦，有人来了，来看望您了！"

一个豆蔻少女蹚开野花跑了来，文成公主循着声音的方向，朝远处凝视，眼中定焦尚未明确，脚下便走动了起来。她温柔地摸摸小女孩的脑袋，接着向妇女们笑道：

"你们自己织啊，我去看看。"

那似曾相识的身影越来越近，直到某个瞬间，文成公主眯缝起眼睛，又迅即睁大，惊奇轻震着她的声带，只喊出一声："尚凯，尚大人？"

那男人笑脸回应，激动地叫了一句"公主"，又赶紧施礼："公主……贵体，金安。"

两人疾走到一处，文成公主几乎是跳过了与亲人久别重逢的喜悦，心头一紧，就生出了疑问：

"尚大人，你怎么会来到雅砻？"

尚凯道："小臣此趟……是奉皇上之命，专门接公主您回大唐的。"

第五回　姻缘·因缘

她霍地感到意外，些许吃惊后即转为复杂的平和，声音似是隔空而来："接我回大唐……吗？"

"赞普松赞干布去世多年，公主也年岁渐长，膝下又无子嗣，皇上十分不放心。小臣也觉得，公主继续留在吐蕃，已没多大实际意义了。"

"我母亲，她——好吗？"文成公主突然紧张地问询。

尚凯无言，半晌抬起头，刚要困难地张嘴，她急着伸手止住："别说……"话音颤抖着，停顿了下，又继续说："我知道了……"

"作为妃子，在赞普陵墓服丧十几载，公主已全然无负于赞普松赞干布生前对公主的厚爱，他泉下有知，也会希望公主回到故乡的。我在逻些拜见赞普芒松芒赞时，他对公主也是称赞有加。"

文成公主沉思不语。

"公主好好想一想，"尚凯诚恳道，"叶落归根，毕竟还是人之常情啊。"

再念逻些，好像那仍是夫君的城宇，自先前一别，旧事旧人都是未再见过的，只有常年的祷告从一而终，如今她是不是真的可以"功成身退"了？

吐蕃的音讯就在这时来了。

"禄东赞大相在昌珠寺里等候，只叫请公主一人速去，不要惊动任何人。"

通报之人，跟随文成公主留居雅砻多年，头一回遇此紧急情况，他虽已年迈，但仍竭力拾起年轻时的职业精神。

文成公主先是一愣，但瞬时便回神过来，接着便策马疾奔到昌珠寺门口。她快步跑进去，有如来自军队的号音在身上催促着。

她喜出望外地喊道："大相！"

"公主是要回长安了？"禄东赞转回头，神情却没有丝毫久别相见的激动。

"真没想到，"她只顾着激动，"还能再见到你。"在对面的人身上，她好似一下子便看到了吐蕃所有的样子。

"公主不应,那……那些传闻都是真的了。"

"传闻!什么传闻?"

"唉……"

"大相!你一来,一句问候也没有,眼神躲闪,彷徨四顾,到底发生了什么?"

"请公主原谅我的无礼。微臣此来,只向公主确证一件事,请公主务必如实告知。"

话头就这样一句赶着一句。禄东赞心怀忧虑,后来也缓和做了解释。文成公主虽宽仁大气,但也是绝对不受白气的主儿,从来就有一股非得第一时间弄清事实真相的劲儿,这下也严肃了起来:

"大相,请讲!"

"大唐皇帝何日举兵攻打逻些?"

"逻些内外已经传得沸沸扬扬了,都说尚大人此次来接回公主,然后大唐就要向逻些发兵……"禄东赞见文成公主一时讶异,索性全盘托出。

一向镇定自若的吐蕃大相禄东赞,怎么也听信起了谣传——文成公主心中这样暗想,又觉察到了事件可能另有原因?

"我相信公主,但是,也许尚凯大人没有把事情的真相告诉公主。"

文成公主此即决然回答:"尚大人绝不会欺骗我。他告诉我,皇上向赞普芒松芒赞致意,希望唐蕃关系一直友好下去。——我立刻请尚大人过来,大相可以直接与他质证。"

"我是吐蕃大相,大唐皇帝若真要攻打逻些,尚大人会对我直言相告吗?"

"这样,委屈大相先到我住的小院去,在里间暂避一时,由我单独向尚凯大人问询,大相且听他如何作答。"

她快言快语,虽沉静多年,却一点也不改遇大事决断有序的气质。禄东赞接连点头,表示同意,对于方才失礼的歉意,已慢慢萦绕心头。

那场对话就发生在隔壁文成公主的起居室里,简洁的装饰,好像完全不是一个堂堂公主的风格,桌上摞满经典,床头尚有一本打开着。

"公主这样快就决定好了？可是要向小臣宣说离开雅砻的具体日期？"

"尚大人此来，是否有要事瞒着我？"

尚凯略有喜意地上前听候答案，却不想碰上文成公主一双紧紧直逼的双眼，倏忽一惊：

"公主，此话怎讲啊？"

对局已然拉开，文成公主审慎诚言，尚凯更是义正词严。几个来回之间，铺陈功课做足了，该到关键问题浮现的时候了。尚凯怫然正色，拱手道：

"禀公主，小臣青年之时，即对公主敬佩十分，后又随李郡王护送公主入蕃，历尽艰辛，祸福与共，难道公主还不相信我吗？虽然唐蕃之间近来发生过一些不愉快的小事，但皇上仍为唐蕃情谊的美好延续而竭心尽力。公主有所不知，皇上为了唐蕃和好，接连让出一些西域要地与吐蕃，礼让犹恐不及，怎会千里迢迢、费心劳力地攻打逻些呢？以公主之聪慧，难道不明白个中的道理吗？"

她像个考验官一样，有意一拧眉，尚凯注意到后，又奋然慷慨道："我尚凯所言句句属实，如有半点虚假，天诛地灭……"

文成公主突然笑了起来。这时，一声门响，两人一齐回头，只见禄东赞从里间欣然躞步而出，盯着尚凯，忽然屈下一条腿，出语激动："请饶恕微臣偷听两位的谈话。尚大人一席良言，解开了我心中的疑团……"

"想不到，想不到，"尚凯听闻实情后，颇是震惊，"何以竟会有这样大的误会！"

"公主、尚大人，"禄东赞愧疚地说道，"多年未见，本该坐下来畅饮几杯，从容叙旧，无奈逻些人心惶惶，微臣就此告辞。请放心，逻些的谣言我将一查到底，祸及唐蕃关系的作乱者，必将受到惩治。公主和尚大人不日将离开吐蕃，行至逻些时，我将与赞普举行隆重的欢送仪式，眼下，微臣就先行一步了。"

其时，谁都以为文成公主一心打定了回唐朝的主意。于她而言，却恰恰相反。她先前犹疑不决，当下却是确定无疑。

"文成恩谢皇上对我的惦念,请尚大人回大唐后,启奏皇上,我在雅砻活得很好,这里的首领和百姓待我如赞普在世时一般,我并不感到孤单。

"若大人想听理由的话,我且说两条:第一,松赞干布的陵墓在雅砻,他是我的夫君,是我的至亲之人,如若抛开亲人一去不复返,这是大不敬之举,实为我自己不耻;第二从禄东赞大相那里,我知道我的去留,将会牵动吐蕃的民心,有好心,也有歹意。当初文成既为唐蕃交好而走上了这条路,现在也将为两地友谊而继续走下去。我想停下来,也停不住了。

"就让长安永远地陪在我心里吧。"

尚凯终于沉默了,远隔的长安城静寂了,唯有吐蕃保持着喧腾,光华四溢,从那晚空灵的夜色中飘荡着的唱词,就那么家家户户、口口相传地流传了上千年:

> 家在远方兮,家亦在脚下,
> 家在心外兮,家亦在心中,
> 家是大唐兮,家亦是吐蕃,
> 唐蕃唐蕃兮,兄弟一家亲……

公元7世纪的吐蕃,赞普松赞干布开启了以婚姻作为结盟纽带的先例。如果说这是松赞干布的一种智慧,那么文成公主所作所为就让他的选择得到了前所未见的升华。

世事总有兜兜转转,可结局早在最初就已注定。

一切都是最好的安排。

第六回
佛 心 无 别

　　自从离开大唐，念佛就成了文成公主每日必修的功课。或许因为有佛祖等身像相伴，文成公主在面对命运突如其来的巨变时，总能很快从伤痛中复原，转向更有实际意义的作为；也正是佛祖，支撑着她将佛法的无限教益播撒至整个雪域高原。

第十三章　一路向内，邂逅初心

公主的供奉

文成公主并不单纯是一个独特的民族友好使者和一位杰出的外交官，在她成长的那个年代，凡是长安城的百姓都沐浴在一种信佛的潮流中，所以她也并无例外。

中国佛教经过汉代的初传、兴起，魏晋南北朝的迅速发展，隋朝短暂的乘胜追击后，到了唐朝，佛教才步入真正的鼎盛阶段。信众男女比例皆有数可考，其中女性信徒，也遍布于各个阶层。具体来说，除了出家住寺的比丘尼、一部分在家分享持戒的优婆夷，数量巨大的则是世俗中一般的家庭妇女，既有贵至皇妃、公主、郡主、县君等上层女性，又有为人之母、为人之女、为人之妻、为人之妾的普通女性。

她们身上承袭着深重的古代女性烙印，传统的儒家尊卑贵贱、等级名分思想像一堵结实的壁垒，挤压着个性、自主、独立的生存空间。所以当佛教中人人平等、成佛不分贵贱等教义吹拂进来时，隐匿的诉求豁然得以解决，一股狂烈的风暴刮起来了。

文成公主同样尝到了这精神食粮的好味道。皇亲国戚的身份让她较先受到家庭的熏陶，优越的成长环境也给予了她饱读诗书的教养和学识，使她在心态和思想上也展现出更宽阔的姿态，第一时间便迈进了对佛陀的信仰中。这和当朝散财布施、舍宅为寺、度人为僧的蔚然成风之现状俨然暗合。

当时的唐朝以泱泱大国的姿态成为世界大乘佛学中心。精于治世的一国之主唐太宗，政策灵活，心态开放。佛教政策收放有度，并成功地被引导到淳化民风、教化社会的道路上，与儒家仁孝思想巧妙地结合在了一起。所以佛教似乎很自然地从超度个人转向为社稷苍生祈福，在某种程度上及时地解决了"人和众生关系"的争论。

当世人知道文成公主被择定担负起唐蕃和亲的重担时，都说她无疑是再合适不过的人选了。

她的确是自小潜心学过经论佛理的。大乘佛教，亦名大乘，发源于印度本土，它自称能运载无量众生从生死大河之此岸达到菩提涅槃之彼岸，成就佛国，而称原始佛教和部派佛教为"小乘"。二者的区别在于，小乘以释迦牟尼为主，大乘则提倡三世十方有无数佛，并进一步把佛神化；小乘追求个人自我解脱，大乘宣传大慈大悲，普度众生。

在义学上，诸如《般若经》《维摩经》《大般涅槃经》《法华经》《华严经》等大乘佛教主要经典，她都熟读过，天性的聪颖和善情，使得她在触摸佛法时，像接通了内心的一座桥梁，契机自生，因而态度谦恭，持戒修德，很快便出落成一位端淑而不失灵动的亭亭少女。

弘福寺是她少时的常去之处，大小礼佛场面也都是见识过的。在来吐蕃前，就恰逢一次皇帝祈福活动，乐于信仰的她当然不愿放过这样的机会。

机会永远是争取来的。

"娘，您就让女儿去吧。皇帝的祈福仪式一定盛大得很，女儿不过是想见识见识！"

"不行不行，堂堂一个大家闺秀怎么可以如此轻浮？"李夫人严词喝道。母亲一贯的"不开通"让她将期待的眼神随即转向了父亲。

"那你倒是说说理由，说得我信服，我就准了，带你去。"

李道宗考验着女儿，她却像得了个小胜利，和母亲相视一笑，便认真地说了起来："想必再端重的仪式里也脱不去焚香祈祷，诵经顶礼，只是我在想，皇帝治国儒道佛三教并用，做法上肯定和我在经书上看到的不一样……"

父亲瞧着女儿一脸求知的渴望，这甚至近乎本能的执着。些微的震惊，夹杂着赞许，着实令他不能抗拒，他当然愿意满足女儿这个诉求。

"好！不愧是我的女儿！"

为了确保这次出行的顺利，李道宗和燕德妃悄悄地打好了招呼，让女儿跟随在她身边，如此便可大方而行。个性刚正之人，断然不喜欢躲闪之态，所以事事光明磊落到底。

当日，随行队伍果然气势不凡，临到弘福寺正殿前，只皇帝及近身侍者七名可跟随进入。侍者以手施德，鉴于场合的重大，擎伞盖、执障扇、捧礼器比素常更恭敬，而唐太宗先是右手举一博山炉，献呈至佛像前的供台上，接着由住持引导着，燃香、上香、连拜三道，再合掌，专注禅诵，向天地神祇立誓明志。

燕德妃的做法以相似进程而为，六位扎双髻、执障扇、举荷花的随从女侍款步而行，再依次折出。燕德妃举止端庄，雍容华贵，双手托盘供奉三枚宝珠，敬献在菩萨前。

专程而来的学习者或说考察者，将这一点一滴都记在了心里，她的目光蔓延到殿堂中央立供的菩萨像身上：双手合十，头顶高悬发髻，缀以彩带绿珠，赤裸上身，赭石将其圆润的弧线勾勒得华美而颇显丰和，飘举的曲形宽带缠绕在上，绿裙红裤，从臀部披挂而下，腰间系着白色布缎，色彩华丽——不禁让人觉得燕德妃的仪态与之有几分神似。

祈福典礼结束后，唐太宗骑一匹高头骏马，燕德妃则乘一架牛驾辕的支棚方形车，圆满而归。

就是这样一天，让如今身居吐蕃的文成公主更为怀念。岁月的无限芳华与皱褶，让她在与佛陀的日夜亲近中，深有体悟，奉持斋戒自是最持久的常态。于此她越发得到印证：法无大小，人心自有等差。众生的意乐根基不同，不要枉自分别"我是大乘、你是小乘、他是不求解脱的愚夫愚妇"。我们只要时刻检视自己的心，确定自己是为了一切众生的解脱而修行就好。

当她做一件事，心量就放大到要把所有众生的安乐都考虑进来。她心胸的宽广，是对佛法孜孜不倦追求的福报。

修持与解脱

纵使在吐蕃人民心中是世俗与神圣合体的象征，文成公主也经历过诸多自我剥离与剔除的煎熬。

曾几何时，她一度在梦中回念着松赞干布弥留之际的气象："有好多事，等我回逻些……去做……"

眼前的人儿逞力出语，她含悲安慰道："赞普会回到逻些的，赞普会重新驰骋在草原上的。"

他温柔地看着她，还试图微敛出笑意，语气更加虚弱，几乎一字一顿："我……可能……走不回……去了。"

"不，赞普不要这样说呀！"

"哎，那个小小的疾病，真还要折了我这只雄鹰的翅啊！"

也许人越是靠近死亡时，返璞归真的能力越是强盛。她像个孩子一样，表现出自己一生少有的任性抑或顽固，而他因着深切的怜爱，拉扯浑身的精神，总算勉强不像刚才那样差劲，似乎也在和自己负隅相抗。随后，她咬着嘴唇，兀自忏悔说：

"我的赞普啊，是妾无能……"

"不，是我对不起你，不能陪你一道回长安，看你的亲人……"

她哭出声来，愈加握紧了他的手："赞普……"

松赞干布一眨不眨地凝视着文成公主，忽然道："十年来，你一直记着这件事？"

"赞普你这么讲,是说妾半心半意对待吐蕃吗?"她惊得往后一仰。

"爱妃,误解了。你的心地是澄净的湖泊,是圣洁的雪山,没有一丝杂质。"

"赞普……"

"你热爱雪域高原,热爱吐蕃臣民,十年如一日,在我心里,你是公主,真正的公主,也是我至尊至爱的妃子,我的荣幸。"

文成公主心潮起伏,一个激动将他抱揽入怀,无言享受着这片刻。

那情义深浓的夫君,喘着大气:"你,好让我舍不得啊——"泪珠从眼角溢出:"好想就这样,与你,一辈子,在一起……"

大抵任谁都无能抗拒这样的表白吧。

英国毛姆在《月亮与六便士》中这样说:

"一般来说,爱情在男人身上只不过是一个插曲,是日常生活中许多事务中的一件事,但是小说却把爱情夸大了,给予它一个违反生活真实性的重要的地位……作为坠入情网的人来说,男人同女人的区别是:女人能够整天整夜谈恋爱,而男人却只能有时有晌儿地干这种事。"

写书的人惯常从生活积累出发,将梳理后的思想以凝练又节制的语言呈现出来,因此也增添了高深的概率。但古往今来,现实中掷地有声的故事,总比纸页上的模样生动而精彩得多。在公元7世纪的吐蕃,松赞干布与文成公主的爱情恋歌,无不滋养着、造福着这里的家家户户,他们成了佳偶楷模,成就了代代美誉。

可是,美好的故事,好像都会戛然而止。松赞干布说完,眼睛大大地睁着,生命最后一点活力从他的体内脱离。文成公主心知肚明,却不愿相信似的放下他的头,听他的心跳,试他的鼻息,做全了一个医生该有的一切挽救措施。

而她何尝不是在对自己施救?

没有了他,她不再是一位完整的妻子和妃子;

没有了他,她的生命旅途,势必又将改线;

她如何能不想留下他,不想伺机努力抓住点什么。

毫无疑问，她失败了。她继而坚信，活在活着的人心里，就是没有死去。于是，他在她的梦里频频出现，那漫长的告别，也重重叠叠、多多少少修补着她一时破碎的心。

当然是到了十几年后的今天，回忆起来，她才看见自己当时是多么执着。

放下执着和自私，是佛祖的道法里最关键的部分。就连佛祖本人也是身背乔达摩·悉达多的俗名，通过一步步证悟修行而成就的，世人难以想象他经历过的磨难，却理所当然也幸运地直接享用了其胜果——文成公主亦是其中之一。

于是她在经书里，一遍遍地品味着佛陀的证道历程。在年复一年的追求与探索中，文成公主以无比开放的心去观察和倾听，才得以真正看到和听到，她用至为清晰的思路去认知和思考，才得以真正安定和通透。

在这一点上，她是强大的。一个人经由适当的调节、向上的姿态，给予自己训练，同时增强自制力，避免过度的哀愁，才能得到并保持哀乐的平衡。

生和死是无法挽回的，唯有享受其间的一段时光。

死亡的黑暗背景衬托出生命的光彩。

慈悲是一种习惯

> 这个世界上不管有什么样的喜悦，
> 完全来自希望他人快乐；
> 这个世界上不管有什么样的痛苦，
> 完全来自希望自己快乐。

在破除我执、接纳生命必死的真相之后，文成公主变得更加谦卑，认识到自己惊人的心理力量，也重新发现自己，因为她必须在人生的跑道上停下来，重新审视，然后再前进。

这一时段，昌珠寺就是她的精神家园。

在这里，松赞干布的身影已入住她的灵魂，成为心下最底层的一种深切思念；在这里，与禄东赞的交谈也随他返回逻些而系在唐蕃友谊之纽带上；在这里，更多质朴慷慨的百姓走进她的生活，陪伴有时，歌舞有时。

新朋友之一，叫格桑卓玛。俩人的故事颇有说头，一直被传为美谈。

正是春光绚烂时，文成公主心境渐开。她想起旧时与松赞干布散步经常去的吉曲河畔一样，如今雅砻河谷毫无悬念地成为她的另一个好去处。当初选择回归这里，原本只念着与爱人的一丝联系，却不想真正落脚后，雅砻河谷以其纯美的情意、清澄的心灵、昂扬的性格、宽广的胸怀给予了她无限涤荡与升华，雪山冰川、田园牧场、河滩谷地、高山植被及建筑古迹、民风民俗都让她充满感恩。

她游玩到此，目睹山光水色，环视一圈真是心旷神怡，便不自觉地闭上眼，享受这万物有灵的真实境地。再睁开明眸，面向这一净土，却见天鹅绒般的云朵缀在湛蓝的天幕上，偶有漂移，但大多时候静如画卷。她的兴味来了，索性一个迅疾，躺倒在绿野之中，理所当然地观赏起天景来。身旁，白色羊群不时前来亲热，她会温柔地摸摸它们健硕的蹄子，而它们好似也熟悉了这位常客，毫无恶意，任由她招呼。这也算是彼此间的问候礼了。

她在这里或遐思，或默诵，或冥想，或休憩。随着心绪、身体打着滚，她越发能够闻嗅到雅砻河水的气息，倾听它的低调的声线，感受它绵绵的呼吸，极容易着迷，着迷又忘我。身边的侍女总是欢喜地欣赏着这一幕幕，好似一场百看不厌的节目，主角灵气十足，便丝毫不必担心重复的无趣或单调的惶然，反而更愿意就这么守护着她，像聚焦于一只蹁跹的彩蝶。

危险的讯号突然降临。一不小心，文成公主就消失了。侍女本以为公主和自己捉迷藏，不声不响了几秒钟，侍女心间恐慌蔓延，立即跑着寻找，绕过羊群自行排成的布局，曲线冲撞，她一面脚下加速一面四处搜寻着文成公主的身影，像丢失了宝物一样——谁说不是呢？

突然，视线定格在一角再熟稔不过的红色裙叶上。往近了瞧，才隐隐约约看到公主的身形。先前所有的慌张在这一刻爆发：

"有人吗？有人吗！公主掉进雅砻河里了——"

此时，不会水性成了致命障碍，侍女只能不断高声急呼求救，好似能唤醒整个河谷。故事的另一主人公就是在这个间不容发的空当儿出现的。村女格桑卓玛来河边背水，木桶刚一落地，就听到一阵急呼，而后越来越密的声响让她明确了方向。赶忙寻着声音前往，只见一个垂着泪珠的女孩在一圈圈水晕前手足无措，听到急促的脚步声便焦急地回望过来。几乎同时，明白过来的格桑卓玛毫不犹豫地跳入河里，把人救起。

她的相救出于本能的举动，怎么想到与自己结缘的就是唐朝公主。

又或若知道是文成公主，大概更会义无反顾吧。

后来，二人结为姐妹，亲密无间。文成公主教格桑卓玛读书、写字，纺纱、织布，格桑卓玛也帮助公主酿酒、煮茶。如此这般，与其说是个体的互相帮助，倒不如说两个文化窗口的相与有成。

其时，吐蕃原有酿酒技术为"蘖法"。《拾遗记》说，"蘖出西羌，曲出北胡"即指此。所谓"蘖"，为发芽的麦、米，因含糖化酶，能将谷物、麦类中的淀粉转化为糖，进而发酵成酒。但此法所酿之酒度数很低，易酸败，且难掌握火候技术。文成公主最早将内地的曲酿法传入吐蕃，往后，青稞酒亦改旧式糵酿法为曲酿，其工艺与原理完全和内地曲酿法一致。

在友好相待的日子里，格桑卓玛勤勉而真诚，令文成公主无不生出感动与欢喜，内心则更为平静。她越发能够觉察自己在付出和耕耘中所得到的殷实与安定。

佛家有言，在对抗心魔的斗争中，最强大的盟友莫过于修持慈悲，慈悲才是最好的保护。她体悟后，自然对之产生一种更加坚决的信心，于是告诉自己，继续保持慈悲。

茶史专家们考证，现在西藏地区读为"槚"（jiā）音，正是沿袭唐朝对茶的读音。据说，文成公主带去的茶籽和茶，为西藏地区种茶、饮茶之始。单单一碗酥油茶里，就尽是这位创始人的聪明与情意。

酥油茶自然不能离了茶，其做法简单又复杂：

先将砖茶捣碎，放入锅里或壶上煮沸，待锅内呈现出深红色时，滤除茶渣，滗出浓郁的茶汤，再趁热倒入一米多高的木桶里，加入核桃仁、适量盐、酥油及烧开的牛奶，拉动茶桶中的"活塞杆"，使水、乳、油三者交融，至此香喷喷、油滋滋的酥油茶便煮熟了。而后斟入茶碗饮用，营养价值极高，又有茶饭合一的妙处。

至于茶叶品种，一般选用的是紧压茶类中的普洱茶以及金尖等粗叶的毛茶，这类茶叶口感较为宽厚，和藏族人民豪放的个性十分相符。反复尝试与调制，其中包含着文成公主的浓浓诚意，格桑卓玛很快学会了，自此一传十、十传百，酥油茶走进家家户户。

直到今天，山南地区还流传着一首《公主带来龙纹杯》的民歌，歌中唱道："龙纹茶杯呀，是公主带来西藏，看见了杯子就想起公主慈祥的模样。"

慈悲是一颗如意宝珠，它的疗效如同光芒射向四面八方。昌珠寺周围，文成公主当年亲手种植的柳树依然繁茂，令人们无法忘记这素有"冬宫"之称的庙宇曾带给她的莫大慰藉与力量。人们亦将她的慈悲内化为自身的修行要旨，于天地间蕴养精神，于朝暮中超越自我。

第十四章　爱让这里成为道场

等身像的离奇传说

只有超越自身的限制，人类才能真正成为自己。

在如文成公主般虔诚的信徒心中，佛陀的教诲与启示像明灯一样，照耀、引导、镇定着心灵的山丘，纵然人生再多曲折，有所向、有所信便足够提携一切精力。

当今世上，由释迦牟尼亲自塑建、开光、加持的佛像仅存三尊，即八岁、十二岁、二十五岁等身像（一说三十五岁降魔成道像），现分别供奉于中国西藏拉萨的小昭寺、大昭寺以及印度菩提迦耶正觉塔内。见此三尊佛像即获解脱，因而颇受信众的尊奉。

相传佛祖在世时反对偶像崇拜，不立寺供像，直到临终之际，才同意以自己三个不同年龄时的模样塑像，并亲自为之绘图。其中，以十二岁时释迦牟尼身为皇子的鎏金铜像最为精美与尊贵，实在稀有难得，非有累世的福德因缘实难相见。

千余年来，无数善男信女跋涉千里，誓与佛祖相见。他们相信，只有不断祈祷，才能打开佛光之门，获得无量受度。而匍匐的身姿，是坚实的执行者，他们倾尽了虔敬心，孜孜以求。灵魂的净化与精神的洗涤是他们一生的事业，为此不惜日夜兼程。

顶礼膜拜，不单为一个仪式，更像一种见证：塑像前面的石板被信徒的身躯摩擦得光滑,宛如镜面,映照着生死之间的福祸起伏。

对于文成公主来说,数年的习惯已让她无须在佛像的监督下才能保有平静与上进,心中有佛便能即时聆听佛祖的训诫。

当身处高原之上,在精进中日益体会到信仰带来的慧性与明朗时,她一遍遍地回想当初启程前的那段时光;当传承终于达成,十二岁等身像与藏传佛教荣辱与共时,她更加止不住地思索它缘何有如此之大的神力。

对此,《西藏的观世音》里似乎提供了不少证据:

想那禄东赞替松赞干布请婚时,唐太宗镇定自若地说过:"我自饮光佛时起就有了奥妙精深之佛法,而你们至今还没有。若吐蕃也能开崇佛之举,我便俞允赐予公主,否则休想。"赞普松赞干布以开放的胸襟欣然接纳了。

文成公主启程远嫁吐蕃之前,也曾特意向帝父告白:"……边鄙蒙昧之雪域,不见菩萨的足迹,不闻四众有踪影,既无供奉之所依,亦无积福之田地。若要孩儿去吐蕃,祈求父皇赐予我,本尊释迦牟尼佛……"皇帝不吝赏赐了。

但是,当这尊被中原人视为稀世之宝的唯一供奉之所依——释迦牟尼十二岁等身金像让唐太宗一并置备到文成公主的嫁妆中时,唐朝百姓梦中出现不祥之兆,提出了异议。有人上奏道:

"启禀皇上,我们既然已失去了贤惠的公主,为何还非要把如意之宝(世尊佛像)也拱手送给吐蕃人呢?看来其中必有泄密者捣鬼,祈请陛下命善五行算者占卜之,将那作祟者捉拿出来予以严惩!"

唐太宗于是传令请来一位神机妙算的卦师,做了一番测算。然后卦师吃惊地说:

"奇哉怪哉,如此卦象,前所未见!"

问:"卦象究竟如何?"

"在三座黑山的环抱中有一血红的湖泊,湖泊中有一片红白杂花的大滩,滩上有一铁母夜叉腾空跏趺而坐。她浑身都长满了眼睛,头上、身上落满了各种各样的鸟,还长着一张长长的铜嘴巴。此人便是泄密者。"

听罢这番话,皇帝勃然大怒道:"岂有此理,五行算的卦象竟然如此荒唐！"但终究还是坚持了自己的信念。

为了保证西南边陲的稳定，深谋远虑的唐太宗决定对吐蕃实行怀柔政策，以和亲加以笼络，并千方百计从经济和文化上予以帮助，永结友好。事实上，千百年来，这尊释迦牟尼等身像如同一尊无声的使者，神奇般地搭建起了中原和高原之间的关系，而文成公主的一世修为最终在绵密的经籍中找到了凭依，如此也确证了唐太宗决策的正确性。

那时，释迦牟尼住在舍卫城（古印度拘萨罗国都城，传为佛祖常年居留说法处），向当地比丘、比丘尼、男女居士讲经传法。有一天，圣者曼殊室利（即文殊菩萨）忧心忡忡地前来求解：

"世尊您在世的时候，我们能眼看佛容，耳听佛语，心有所皈依；如果您涅槃离世，一切有情将依止何处呢？愿垂听训示。"

佛祖听过，含笑无言，接着从他身上，放出四道光，分别照射到大梵天王（色界初禅天的天神之主）、那罗延天（众星曜之主）、帝释天子（欲界天神之主）和工巧之神毗首羯摩身上。于是，三位神主笃意贡献了因陀罗宝等天界五宝及人间诸多宝物，请毗首羯摩发挥其天匠之才，铸造世尊化身圣像。

"世尊八岁时，身高如蓝毗尼园（佛祖诞生地）之台座。斯后，即其右手食指内屈，作结印之相，迨十二岁时，则其足抵舍卫城之门阈，头触其门楣……"

依着佛祖的姨母波阇波提的回忆，毗首羯摩巧手将各种宝物熔化、锤炼，铸造出佛陀十二岁等身像。塑像颜色像熟金子，一手呈结定印的姿势，一手压地印，相当庄严，慈和美妙。

据说凡是目睹这尊佛像的人，都能够解脱贪、嗔、痴三毒的痛苦，生出真实的信仰，具足一切见、闻、念、触等功德，与见到佛陀本人无有差别，可以说是天大的福报。

这座等身像，由佛祖亲自开光，散花加持，最后落供于天竺金刚座寺（即大菩提寺，在今印度比哈尔省伽耶城）。

终究还是友谊的馈赠

既然这尊十二岁等身像,是释迦牟尼在世时塑造的,势必价值连城,那么它又是怎样辗转来到中国的呢?

是文化的交流,还是战争的掠夺,世人不得而知。就连文成公主也是同译匠翻阅了数多藏文史料,才发现其中对佛像来历的记载不尽相同。即便如此,它们至少可以给史家一点方向性的提示,也满足了人类探求真知的热望。

《西藏王统记》记载说,几经朝代更迭,到天竺法王达磨波罗在位时,东方中国前秦君主苻坚,送出三样无价之宝,包括一件无缝锦衣,其上有四种福寿纹,不仅端整精致,而且呈现向中心聚合之状,有着无比吉祥之寓意。

天竺王见到献礼后,心有所思:"汉王于我诚有重求,到底所求为何呢?"打开来信,答案尽现:

> 护法竺王宗教王,宿植德本获妙果,
> 邦国富裕广法藏,财物受用利众庶,
> 居于胜地天竺地,培福圣像无匮乏。
> 我等边远华夏王,既无佛经又无像,
> 我土未获佛法份。冀君垂念发慈悲,
> 赐我佛十二岁像,并经五部四比丘。

佛国的胸襟果然宽广又慈悲，他思量："我天竺国土有大乘佛法，有佛灵骨舍利，并且诸声闻（即听闻佛陀声教而证悟之出家弟子）阿罗汉（声闻的四果之一，是小乘佛教的最高果位）亦现住于此，而汉土当下什么都没有。"于是毅然决定将国宝觉阿像（即释迦牟尼十二岁等身像）送往中国。当他和大臣一起走进供奉的神殿时，发现这尊本来朝南而坐的圣像，居然已经转而面向东方了，深领佛陀旨意的国王，谦敬作念：

"觉阿像也自愿要到华夏之地去了啊。"

于是，国王发大欢喜心，造了一艘很大的船，将这尊释迦牟尼像及三宝法器法物等安置在上。船身张结着大幕，绫罗珍宝无不彰显慷慨与诚意，乐工们演奏着美妙音乐，旗幡彩带不计其数，任风飘扬，好似天景都没了空隙。

史料浓墨重彩到这里，却蓦地荡开凿凿之辞，众说纷纭起来。

《新红史》写："昭王（苻坚谥号"宣昭"）继王位，此后二十四年之阳木虎年佛诞生"，未有详解；《晋书》说前秦建元元年（365年），遣将军吕光等往西域各地求佛，等吕光回到凉州（今属甘肃），苻秦已经灭亡；后秦弘始三年（401年）姚兴出兵凉州，始将佛像、舍利子和班智达鸠摩罗什等迎至长安；《土观宗派源流》说，迎释迦像入内地是姚兴弘始年间。

纵然佛像的迎接事宜疑云重重，但历史巨流滚滚，终将佛像"由竺通华"，并带来了天竺王诚挚的寄语：

贤哉汉王希听取，
我所供奉佛替身，
帝释天王作施主，
延请天工毗首羯，
其质乃由十宝成，
蒙佛亲自为开光，
佛说无比能仁王，
具足功德觉阿像。

> 我虽爱如身中心，
> 君命威重礼复隆，
> 为彼有情成利善，
> 故献与君作供境，
> 愿君诚信敬礼之。

于是，中原人民以最隆重的仪式将觉阿佛像等供奉在金子镶嵌的皇宫正殿中央。

汉竺友谊缔结的版本，另一面是战争的缘由。

故事是这样起头的：达磨波罗王在位期间，异教徒大举入侵摩揭陀（中印度古国，位于今比哈尔迦耶地方），那烂陀的很多殿宇被夷为平地，高僧大德惨遭杀戮，佛经典籍全被焚毁，佛教善法濒临毁灭。

就在这兵连祸结之际，达磨波罗王派使臣向汉皇告急求援：

"我有普度众生之善法，竟无端遭异教徒妒仇……汉皇陛下天下无敌，敦请火速发兵救援。"

汉皇回答说："我的军队不能前来，但是可以将珍宝送来，依靠它你们就可以战胜外道，复兴佛法。"于是汉皇赠予天竺两件礼物，其一为锦缎大氅，不仅绣有精致图案，质料轻薄，而且胸口处的吉祥结，刺刀等武器都不能损坏它；其二为绝妙计策和智慧诫言。因为得到这些帮助和机缘相合，天竺方换得援兵，击败了所有外道军队，进而重振内部法度，使佛法昌兴如昔。

天竺王臣皆大欢喜，达磨波罗亦心怀感念，向汉皇修书致意：

"成就如此善业，皆是因为你汉皇之慈悲教诲和历次送来礼品之力，你的恩德巨大，想要什么样的回礼，我们一定立即送上。"

"天竺佛法昌盛，汉唐善法方兴。君若真有心意，请将释迦牟尼十二岁等身像，《佛说河流经》《大乘密严经》《律藏》《佛说大乘庄严宝王经》四则经典，经部论师、对法论师、持律上师和波罗蜜多师四部比丘送来我处吧。"

"这尊本尊佛像,我从来没有想过将它送往别处,但是你的恩德甚大,而且此像由你迎请去,对有情众生广有利益。"

汉皇果然坦诚得很,佛、法、僧三宝,一应求索。达磨波罗王与长老、高僧、施主等再三商议,予之不舍,拒之不行,末了忍痛割爱,成就大局,以各种供品供养,举行盛大的送接仪式,佛像就这样来到了东土汉唐。

至此,世人间或了解,无论哪种说法更真实,抑或有无战争的因缘,等身像承载的必然是友谊、交流、开放、美好等诸多齐名的美意,而古代历史学家们也早已一致肯定释迦佛像是佛祖住世时铸造,经由南北朝时期印度国王之手送给中国的无价之宝。一如千百年来它在华夏文明中所发挥的作用,成为一种渊远而博大的传承之象征。

时光辗转流连,文成公主是何其幸运,能够得以与这尊无上珍贵的佛像相伴,在人生中诸多无常所带来的命运冲击中昂首前行。文成公主的命运成就不正与这尊见证、陪伴和化度了她一生的佛像惺惺相惜吗?

圣像所到之处，佛法必昌盛

历史不过是追求着自己目的的人的活动而已。

马克思、恩格斯在《神圣家族》中的洞察如此简明又精准，以至于人类在向前发展或往后反思的时候，都不难寻到印证。

想来，松赞干布在一个长梦以后，便开启了泥婆罗、吐蕃和唐朝的亲密交往，拥有了以两位公主为纽带的联姻关系，发展了各自不同程度的佛法善业，着实让人惊讶。抛开政治与伟业，这两桩亲事令历代藏族百姓引以为傲的，还是精神国度的无限丰盈。

在十二岁等身像随文成公主入蕃之前，释迦牟尼的八岁等身像（又叫不动金刚像）业已到来。

彼时造像经供养、授位、开光、加持等仪式后，被供奉在波斯匿王（中印度憍萨罗国国王）那里。后来，八岁等身像被龙王目支邻陀（中印度摩揭陀国修佛成道者）迎请到龙地利益众生两千年之久。

一个机缘，正值龙王病魔缠身，体魄欠安，泥婆罗国王哈蓝的两位上座比丘，以其神通为其疗病愈身。作为报酬，他将释迦牟尼八岁等身像赠予了泥婆罗国。当时双方还约定：当佛法衰微之时，此像将准许请回，而且人世间的所有供奉之所依，都将被迎请到龙地。往后，佛法在泥婆罗如日如月，兴盛数代。

直到公元7世纪前叶，尺尊公主嫁往吐蕃，临行前父亲特意嘱咐她："你此去雪域吐蕃，要弘扬善法，辅佐赞普，四方遍修三宝之所依，八方广造释迦牟尼像，要弃恶扬善，使万民爱戴。"

尺尊公主骑着大象，手秉旃檀度母像，随行携带佛祖八岁等身像、弥勒法轮像和《白莲华经》等，经过千山万水的长途跋涉，终于来到吐蕃。从此，这尊不动金刚像，就真的驻留在这片高原圣地不动了。

没过几年，文成公主几乎以同样的使命奔赴而来。

两位公主的人生好似两条反向的平行线，在遥远的时空异地，共同交会到信仰的中心点上，进而联结为一线。而两尊释迦牟尼等身像，亦如符号、如号角、如花粉一样，标示着、启迪着、散播着泥婆罗、中原尤其是吐蕃大地的新气象。

佛教造像事业，更是从佛陀故地印度，源源而来。

在寺庙、殿宇、洞窟里，人们可以瞻仰的佛和菩萨像，或用玉、石、木雕刻，或用金、陶、瓷浇铸，或用油彩笔墨绘制。它们神情端庄、慈祥、雍容、大度，使人既望而生畏，又肃然起敬。佛的默坐冥想之态，也每每令人仰之而抛却尘世俗念，遁入出神入化的境界。

据佛典记载，造像起于佛陀时代。早期的佛像采取象征性造型手段，只刻画肖像而不显现人物本身，信徒通过这种可视的片断形象产生丰富的联想，来领悟不可亲近的佛的完整形象。公元1世纪以后，随着希腊文化的渗透，印度佛教中才出现了关于佛、菩萨的可视形象的塑造，希腊神人同形的观念与印度佛教法理相融合，形成了在外形、发髻（高髻）、服饰等方面都颇为独特的风格，表现出庄重而静穆、雍容而精巧的特点。

时代烙印终是深深浅浅，不可避免。在印度佛教造像日趋衰落的同时，中国的佛教造像却不断发展，并在唐朝达到了登峰造极的地步。由皇室出面兴建寺窟，塑造佛像，基本遵循印度双肩圆满、四肢修长、脸如满月、双眸微启、眉发如弯弓，手足如莲花等"三十二相"的造像定则。但聪明的统治者，无不都有民族化改造，佛像在服装、饰物上日趋华丽，后来便有了贴金的佛像。

在私有制社会里，金钱是价值的象征。对金钱的崇拜经由宫廷而与宗教相联系，随愿乐助的财物越多，似乎功德越高，对佛也越虔诚。而富丽堂皇的佛像之所以被平民百姓接受，则正如马克思所说，对天国的想象反映了民众对尘世的向往。

民间造像更多地趋向于人物的集化。在中国，除了如来佛像，广大民众还笃信笑口常开、能容万事的大肚弥勒佛，接应西方极乐世界的阿弥陀佛，大慈大悲、救苦救难的观音菩萨和能照应身后事的地藏菩萨。此后，佛像由本生而逐步染指世俗，形成完整形象，令信众获得似乎更直接可感的庇佑，真正成为供人顶礼膜拜的偶像。

唐代崇尚高髻、体胖的审美情趣，就是把对佛的崇拜化为自我修行和解脱的一种朦胧憧憬。善男信女们相信，对佛陀举止行为、姿容外貌的模仿，能使自己更快地修成正果、彻悟真谛。于是以高髻、肥硕圆润为美的风气盛极一时。

无论褒贬，唐王朝都在以其特有而妥帖的方式兴盛着佛法事业。文成公主即是堪为楷模的典型代表。可以说，她携带佛法的芳香来到吐蕃，与尺尊公主一起致力于善法的耕耘。

佛教的传入，改变了藏族造像先前以岩画体裁为主，鲜少反映人类自身和宗教神仙的特点，并对这种新的造像形式产生了极大推动作用。由于赞普们对塑像的重视，除了泥婆罗、唐朝的工匠参与其中，来自印度、克什米尔、斯瓦特、于阗等地的艺术家也纷纷受到邀请前来吐蕃，呈现出一派繁荣的景象。这一时期，吐蕃造像从完全翻版于印度，向本土化转型：材质上，开始采用合金制作金铜佛像；内容上，专于佛像传播和信仰，无关任何世俗；风格上加入藏式元素的兼容加以改革，如印度人面孔的佛、菩萨、罗汉变为藏族人的面孔，以木莲花替代了水莲花等。

松赞干布就曾命泥婆罗工匠按照他本人的身量塑造观音菩萨像。

当时尺尊公主正修建佛殿，不料妖魔鬼怪作乱，工匠白天修，它们晚上拆。如此三番五次，不但所有建材耗费一空，而且佛殿最终还是未能建成。

"想必凡有功德之处，必有地煞作祟。"松赞干布思量着，又向旃檀度母像祈祷，结果受示，说："请造立一尊陛下的替身像。"

他随即问泥婆罗工匠道："你能否造立一尊我的替身像？"

回禀："可以。"

于是赞普松赞干布亲自为自己的造像备料。《西藏王臣记》载录得更为详细：

王思欲摧伏一切厉鬼与及诸魔军等，必须塑造与自己身量大小相等之大悲观音菩萨像一尊。遂备办蛇心旃檀，研为细末，与及八大圣地之土，尼莲禅河之沙等，调以红色牝牛之乳，揉成泥团，命尼泊尔（时称泥婆罗）塑工车瓦塑造之。

他将全部材料备齐，堆放在卧室榻前，并传旨请尺尊和文成天亮后来参加他替身造像的开光庆典。果然翌日早晨，一尊大悲观音像即已塑成。

此造像为吐蕃的第一尊天成本尊像。往后，尺尊公主召集泥婆罗的精艺技师，文成公主带领唐朝的能工巧匠，造像、修殿、立寺、建塔，共同为雪域传扬着佛法的慈悲。

"我的替身造像将与世长存，一如我释迦牟尼与世长在。外道邪说将被它镇伏，佛教正法将长盛不衰。造像所安立之处便是世界的中央，它将替天人师、如来、应、正等觉（如来十号之四）行道于天下。"

数千年来，佛陀正如他所亲自宣示的那样，持慈悲心，以佛眼洞明一切诸世。

而文成公主，无疑是这样专注的践行人和成就者，诚实笃信的藏族民众甘心将她奉为佛一样的存在，愿得她教益，受她点化，加入她善法功业的阵营之中。

转山转水转佛塔

尺尊公主初建大昭寺时颇遭坎坷，几度复工均化为乌有，伤心得直掉眼泪，末了松赞干布请泥婆罗工匠造了一尊以自己为原型的观音像，并将之迎请到吉曲河边，试图以此降伏地煞，取悦于吐蕃庶民。

这是藏族人的第一尊佛像，也是藏传佛教史上第一尊"佛王合一"的造像。"神王融合"或"天王合一"，是古代藏族最基本的思想，松赞干布将自己与佛融为一体，塑造佛像的这种"解法"，在当时藏族社会特定环境中，既不脱离藏族原有的苯教文化心态，又能够缓和佛、苯间的冲突和摩擦，化异求同，还能体现他作为一域之主的威望与地位。

但是，赞普的良苦用心并未得到百姓的理解和支持，他们对其倡佛的理念和行为并不怎么认同。

据藏文史籍《底吴教法源流》等记载，松赞干布虽在梁、柱上刻写了佛经、吐蕃传记、王统世系，以及苯教经典和一些仪轨等，但是吐蕃民众无人信奉佛法，因而没有成为众生之化机。

不得不说，一种新的事物想要获得人们的认可，必须经过一段时间。泥婆罗尺尊公主想在吐蕃这样一个古老传统扎根的地方扶植起一种新型文化，让它开枝散叶，不免有些按图索骥。相较而言，松赞干布倒是个现实派，出发点连同做法一起有所改良，但为何吐蕃百姓还是不买账呢？

伏尔泰有言：没有所谓命运这个东西，一切无非是考验、惩罚或补偿。

的确，对松赞干布来说，这是一个十足的考验。所以，在这个时候，文成公主的到来及其作为显得尤为重要。

她能否真正成为松赞干布的得力助手，像父皇所寄望于她的那样功德圆满呢？好似吐蕃的诸多难局都迫在眉睫，她必须有备而来。

启程前文成公主在长安向父皇请赐释迦佛像，暗暗许下她的宏愿；贝纳沟岩崖上的《般若波罗蜜多心经》，悄然传达着她的笃定。人生路途漫漫，可最关键的只有几步。历史又何尝不是？后来人轻易地明晓了事件的完成状态，却在追根溯源时，对前人的智慧赞不绝口。

从吐蕃发展的角度来看，文成公主的确为传奇之存在。

她的方式是：吐蕃文化和以儒学为主的唐朝文化，通过佛教，进行深广的交流。

在吐蕃，佛教于公元4世纪左右，第二十八代赞普拉托托日年赞时期肇始。初传时，由于受到当地社会历史环境和传统文化思想，以及土著宗教苯教习俗的影响，并在与苯教经过长期的抗衡、融合的过程中，渐渐形成了具有藏族文化特征的吐蕃佛教，并成为藏族文明的主体部分。

这一点，文成公主是做过功课的。她还知道，在佛、苯相互对抗的过程中，苯教为充实自身，也吸收了儒家的一些思想。其中，儒学创始人孔子就被苯教徒尊奉为"神变王"，说他具有无穷的法力，成为苯教的神之一。敦煌吐蕃文献中就发现有"孔子神变王"降伏、护持的卜辞，说明儒学早已传入吐蕃地区了。

佛教本身没有强烈的排他性，儒学更是具有海纳百川的开放性。孔子认为，我们不仅不能排斥、抛弃少数民族，而且还可以到少数民族聚居的地方去居住，和他们共同生活，让他们也学会中原的礼仪制度，接受中原的先进文化。

所以，从一定意义上说，深受儒学熏陶的汉文化下成长起来的文成公主入藏，即是儒家文化一次大规模的传入——甚至可以说，唐太宗执政时的佛教就是经过儒学淘洗而世俗化了的。

于是，儒家文化利用其包容性，披上了佛教的外衣，并使之在与传统苯教对峙的河流中，找到了契合点。这时文成公主所携带的汉文化，如一艘大船，乘度着思想的聚合体，打通了与多元文化嫁接的渠道，使得"思贤若渴"的吐蕃一再得以满足，继而自成体系。如此，刚刚建立起的庞大政权急需巩固统治、安定社会的夙愿，也得以实现。

强大的和合精神、兼容能力与温文尔雅的作风，着实是松赞干布眼下最需要的，而佛教则为另一种更适合吐蕃的和平铠甲。这些，不仅使吐蕃社会日益安宁，经济持续发展，也在唐蕃关系的和解上起了积极作用，这正与此次和亲之行的宗旨高度一致。

吐蕃佛教的教法教人修身养性，净化心灵，佛法治心，似以为"乐"（佛教徒认为佛法是妙音）；人法规范人之言行，节制贪欲，人法治躬，似以为"礼"。两者是吐蕃社会早期"安上治民"的两大"科室"，佛法为"内科"，调理人的内心世界；人法为"外科"，调理人的外在表现。"二法"之功能与古代儒家提倡的"乐""礼"有异曲同工之妙。

文成公主确实做得很好。她协助松赞干布将佛教纳入政治理念中，以昌世运，而对于最初困扰松赞干布的那个症结，她则虚心在吐蕃文化里找到了解答。

"赞普"一词主要取其宗教上的含义，即神授、神圣。苯教中有"九乘"崇拜，"赞"为其中的一乘，是一种神灵，字面意思为雄强，也是很凶恶的神。赞神也有多种，如地赞、天赞、岩赞等，其一大特征是与灵魂崇拜有关。因此，如果赞普采取与庶众信仰之道相近的途径，赢取民心、教化社会就很容易了。

落到具体行动上，文成公主的一大成绩，便是在那释迦佛像沉陷之处，就地建殿供养。她观卦象，发现"惹冒切（同"热木齐"，汉名为小昭寺）这块地方是地祇龙神的威怖宫殿之所在，当镇之以释迦牟尼佛像"，而"车辕朝东掉了个向"则示意寺门应向东开启。

当时修建的小昭寺规模不大，只是一座供放释迦佛像的小佛殿。由于佛殿顶部斑斓如虎纹，故名"甲达热木齐"，意即"虎纹大院落"，主要是汉族人居住的一个大院落。难得的是，这和青藏高原对山野神灵的供奉有着最本质的互通之处，都遵从了自然与本地发生的某种神秘联系，所以于吐蕃人看来，它在某种程度上，与苯教"万物有灵"的信仰相合。

如果说，吐蕃土生土长的宗教建筑——小神殿，是普通百姓最喜闻乐见的修行道场，一年四季民众进出频繁，已然成为生活必不可少的一部分。文成公主以一座小昭寺打开了善男信女们对汉传佛教及其他文化元素的竭诚接纳，以后佛塔才开始在西藏广为兴建，作为崇拜对象如雨后春笋般涌现。

信徒绕塔转经，继续谱写着对精神世界的至高追求。浩渺山水之间，他们从来都向心而探，生生不息。

平息愤怒的智慧

对于日渐兴盛的吐蕃而言，追求快速强大的核心阻力便是内部矛盾：赞普家族的奉佛与贵族、大臣的崇苯。一种新的不同类型的文化，要在一个不同文化背景的地域驻足、扎根，并非一件容易的事，纵然文成公主已找到了切入的豁口，但时间和冲突势必连番卷来。

其实，在此之前，大行其道的苯教体系已经受过"玄妙神物"的打击。

拉托托日年赞六十岁那年，一天正坐在雍布拉康的回廊处，天空出现五光十色吉祥彩虹、花雨及天圣之乐。日出之时，阳光并至，自空中降落宝箧，内有《诸佛菩萨名称经》及《宝箧经》，对此，赞普家族命人以神酒、绿玉供奉。翌年又相继获得其他经卷、塔、印等物。彼时由于吐蕃没有文字，无法辨认，赞普拉托托日年赞便听从御前苯教上师穆本之见，将此笼统地说成是从天而降的示意。

一贯卓识的穆本，还一本正经地断论："此乃信奉苯教之象征，故当按苯教仪式祭祀。"于是赞普家族又命人以血肉隆重奉祀，结果却出现了瘟疫和干旱……

适逢游学讲经的天竺班智达李敬、李提斯与吐火罗（今阿富汗北部阿姆河流域）译师罗森措途经吐蕃，听闻这一系列故事，心中已有八九分定论，亲眼看到《诸佛菩萨名称经》等圣物时，更能确证这些正是佛法要典。于是几人将相关内容用金粉书写于黄纸上，而后加盖手印，一并献与赞普家族："顶礼诸圣物，转经、献供，必有所获，冀求加持，亦必获得。余在吐蕃久住无益。"说罢便行往汉土了。

当时多数臣子早已对先前瘟疫与旱灾的发生怨声载道，这下忽地捕捉到新的声音，便如抓住了救命稻草一般，同时，或多或少的赌徒心态也令他们应声附和："《诸佛菩萨名称经》系以日光捆缠，降落于宫室之顶……定当至上顶礼啊！"这就免不了和以穆本为首的苯教一派发生冲突。

面对满堂喧嚣，拉托托日年赞越发疑虑，颇感不安，以至于夜间在梦里得到了授记：天降神物乃信仰佛教的象征，当以香、花和灯进行供奉。如实照做，呈现吉祥。他开始确信，天降之说，纯粹为苯教徒的伪托之词，于是对诸种神物献以尊号，即称作"年波桑哇"（意译"玄秘神物"），大事供奉，由此寿至一百二十岁。

侵犯与屈辱的态势愈演愈烈，必定会在"知道"以后，变作掷地有声的回击。时隔五世赞普，积蓄的力量，终于在大昭寺工程中一雪前耻。

"赤尊（即尺尊）公主欲建佛殿，但未能修成，知藏地地形如罗刹女仰卧，须要镇伏。"①

这里将吐蕃地界描绘成一个巨型女妖，就是藏族先民的一种古老的自然观，正好佛教传入吐蕃后，成为反对佛教建造佛殿的有力思想武器。实际上，这是苯教阻止佛教在吐蕃建立佛殿、开展宗教活动的一种手段，同时也是外来文化和吐蕃本土宗教之间的第一次冲突。然而佛教并没有因为苯教的抵抗而中止它在吐蕃的传播活动，而是通过精心安排、妥协或中和的巧妙方式，不断埋下可以点燃燎原大火的种子。其中不得不承认文成公主的过人智慧，在平息佛苯之间的矛盾中发挥了重要作用。

当时，有两位于阗僧人持着锡杖及乞化钵来到吐蕃，先抵达昌珠地区，遇到砍杀惨状，断臂残体堆积如山，于是问乡人："如是者为何物？何人所为？"

回答："此为赞普执行法律。"

---

① 布顿·仁钦珠著，蒲文成译：《布顿佛教史》，兰州：甘肃人民出版社，2007年版，第115页。

"此非妙吉祥圣者，有魔。"

于阗僧人不信，继续赶路，行至逻些附近，再向一骑马的苯教徒老者求问通往汉唐之路，对方说：

"我是建造吐蕃王神殿的使者，很忙，无暇指路。"言罢转身而去。

"这岂是观音菩萨？"

赞普家族获悉后，给出了一个公正的回应："这些吐蕃人死去，因未调伏，那是我做的变幻。"说毕，松赞干布作禅指状，气定神闲。

于此可见，在佛教初传的当时，苯教徒依然从事着赞普居所的建筑工作，可以说是不能亦无法忽略的力量。松赞干布和文成公主主持的赞普家族力量，只能一面顺势安抚，一面采取柔化措施。慢慢地，四季之中，宰杀牲畜为苯神献血肉供的传统被佛法向善的思想感化，得以收敛。并且，打着苯神的旗号，实则利于佛教的相关举动，在吐蕃律法中也渐有体现。

《王朝准则之法》中就有"禁止谎言法"。双方当事人在各自的怀里抱着天神或护法神进行宣誓，以此神圣方式表明自己所言是真话。"当诉讼双方的陈述相互矛盾、冲突时，裁判者便要求双方分别对神灵发誓，以证明其陈述的真实性。如果哪一方不敢对神发誓，或者在发誓过程中精神恍惚、神态慌乱或显示出某种神灵报应的迹象，裁判者就可以认定他的陈述是虚伪的并判其败诉。"这与古代证据制度中的神示证据制度——方法通常包括"神誓法"和"神判法"，两种方法有相同或相类似之处。

科学的文明是数年过后的命题，现状之下，人们缺乏战胜自然的力量，并绝对倚赖神祇的庇佑，所以文成公主索性采用变通之道，即以吐蕃百姓熟悉的方式解释佛教学说，通过苯教仪轨或形式传播佛教，迎合本土大众文化，以此争取佛教的立足之地。

这与东汉时汉传佛教"格义"式的诠释方法，即将佛与神仙等量齐观，毫无二致。

大昭寺建成时，"在四角上画雍仲字以满足苯教徒的心愿，画方格图案以满足蕃土臣民的心愿，并建造先前答应的那些塑像，以满足各位护法、龙王、罗刹、魔王的心愿"。

苯教势力并未因此被忽视，反而受到了一定的重视。《嘛呢宝训集》即记载："为了符合大众的口味而采用苯波教、第吴和仲居（藏族固有文化中有'苯波''第吴''仲'等资源，其中，'第吴'即谜语，'仲'也叫传说、故事）的方式，去引导吐蕃人民信仰佛教；为了后人的事业又将佛经、咒术、苯波教，以及财宝、诏书等分别埋藏在四柱间、坛城下和龙庙里。"

外来文化进入吐蕃社会的前提必然是入乡随俗。文成公主一贯平和，正如她来到雪域高原所必须做的也是适应，不断适应，而平息苯教徒的愤怒当然是她所擅长也乐意而为的。史册上载录了她太多的丰功伟绩，这个沉默的形象却以自身的行动发着光，直至今天。

第七回
此心安处是吾乡

对西藏百姓来说,文成公主一生都在给予他们惊喜。虔心佛法的柔软心肠、雍容华贵的唐朝仕女风度,都让文成公主习惯于与众人分享美好的东西。无论是改良藏袍、规划城市、培育作物,还是唐蕃之间的良好互动,她都亲力亲为,心无藩篱,只祈盼足下这片土地也会如故乡一般繁盛丰盈。

第十五章　慷慨是一种福祉

星算占卜，是我的天赋

在如今的西藏，凡有松赞干布塑像的地方，其左右两边必是尺尊公主和文成公主，她们像他的双手一样，与之共同建设吐蕃，并弘传佛法助其改善民风。而两位公主之间的个人交情或说感情，还要从大昭寺工程说起。

文成公主一入吐蕃，因释迦佛像沉陷，便大展身手了一回，示出堪舆之本事，给吐蕃臣民留下了智慧文雅的好印象。此事在百姓中訇然传开，百姓们夸赞连连，逻些作为都城，更是信息的第一散播地，身居宫室深处的尺尊公主，自然也不会漏得这消息，心思便开始动了起来。

闻得窗外鼓号喧天，尺尊公主便登高循声望去，只见文成公主一行已抵达赞普居所的东门草坪了。她是受宠的，如今，又有人要来投进松赞干布的怀抱——与其说共享，不如说侵占。回想当初，她刚到吐蕃，前去赞普处好像没这么张扬……

大概史上承担和亲之命的公主们，都各有一份必备的聪颖与自我保护本能吧。尺尊公主心下思虑：中原人果然极善堪舆之术，若是让文成公主在释迦佛像停放之处，先于自己建造佛殿则对己不利。于是，她匆匆赶去，直截了当拦住文成公主道：

"既然有我在此，何须劳你再来？我有不动金刚、弥勒法轮和旃檀绿度母像，还有《白莲华经》和五部陀罗尼等诸多佛经做陪嫁，请问你带来些什么？"

"我自有我的陪嫁！尺尊姐姐。"文成公主不慌不忙，款款回应。

"我有七头大象驮来的奇珍异宝，你能比得上我吗？"

"你的嫁妆多，你的佛宝好，你的功德大，当然你有你的理。"文成公主对于毫无征兆的炮火，一派谦逊，扬起三节银鞭指着某处又说，"那就先让你建造佛殿，我自会找到合适的地方的。"言毕便要往东门里走。

此时，在尺尊公主眼里，对面的劲敌出言不逊、盛气凌人，她随即又生出别的想法，就是不让文成公主与赞普会面。护行的大臣禄东赞，觉察到当下局势不对，及时奉劝说：

"公主先前未能建成佛殿乃事出有因，往后尚有劳文成公主堪舆则事关重大，请殿下恩准她与赞普会面后再说。"

尺尊公主非但不肯，反而继续发难："文成公主汉唐女，使臣千辛迎娶你，公主万苦来联姻，岂料捷足我先登。……你我要分尊与卑，就来比试见高低：一比赞颂佛法僧，二比营造三宝殿，三比顶礼应供处，四比侍奉夫王君，五比益利诸有情，六比理财辅朝政，七比稼穑事农耕，八比抑恶扬善行。比这比那若不行，休得妄想见王君。你我先比修神殿，理所当然我在先。"

文成公主止住脚步，端然应答："姐姐听我说几句……我本无心与你争，你却得理不饶人，就算阶梯你先登，自称正宫唯你尊，嫁奁功劳唯你丰，居功自傲唯你行，瞋恚妒嫉唯你凶！你争卧塘建神殿，我且别处找地点，你若果真不畏难，拭目以待走着看，比这比那皆可比，枉自尊大终枉然。"

一番话语气和缓，却句句回击以剑。历朝后宫争风吃醋之事，她不是不知，但想彼此均为只身远嫁，或许同病相怜的情分更胜一筹吧。不过当下既然已身临此境，那她自然也不能只是吞声忍让。片刻间，她沉心细想这初来乍到的几日，估计是那才华显露招来了此时的不快，但转念又确定，自己并不愿女人之间的纷扰在这雪域净土上发生。一双明眸转了几圈，便有了主意。

"占卜历算，是我的天赋。不知尺尊姐姐，是否愿意和我一起学习？"

文成公主恢复了姐妹敬称，主动示好，同时也试图把握对话的主动权。而尺尊公主，初听第一句，以为对方又在示威，却在后一句的委婉中听到了低调，不觉暗思，因她的工程遇阻，若能借风，还真想弄弄明白其中的来龙去脉，其实心中已有接纳之意，但表现得依然硬气："哦？你倒是说说，都有什么好学的？"

"主要是五行、八卦、九宫、二十八宿、十二地支、乘法九九、十二因缘等。"

"五行八卦？那是什么？"

持重的文成公主耐心讲解，丝毫没有喧宾夺主之意，她只是竭诚尽力平和着，珍惜着这高原之上任何可能的温暖，好似一开始就深信这点滴之焰火，必能升腾起巨大的昌盛世态。相较而言，尺尊公主略显小肚鸡肠的任性，但一番知识的洗礼，她虽听得懵懂，也不愿甘拜下风，却不得不为中原的占卜历算文化所折服。她明知无力反驳，只好安静了下来。

御前大臣吞弥·桑布扎朝禄东赞望了一眼，又转向两位妃子，趁这空当儿劝说道："我吐蕃未来无限光明，尤其要吸收泥、汉文明之精华，两位公主都是吐蕃的贵人啊！"

文成公主大方地向这位藏文字创造者投去敬意的目光，间有当前境况里的认同与感谢。尺尊公主一时找不到立场，退则失势，干脆迎这局面而上，脱口道："我也要一起去见赞普！"

这发生在松赞干布殿外的一幕，日后也该是被传为佳话了吧。

对于生活在平整土地上的人来说，这里代表着一种梦想的高度：神秘、圣洁亦令人激动不已，但所有的和洽都来自于掩映着纷争的冲撞，正像再多的静水流深，都得经过惊涛骇浪的考验。

尺尊公主骑虎难下

尺尊公主确实将佛殿事宜当作了她和文成公主一决胜负的机会。

不日,她邀请松赞干布到自己的居所再议此事,先前松赞干布曾准许她任意选址建殿,不料佛殿一再被毁。这回慷慨的夫君显然收敛了些豪情,反而有点小心翼翼:

"姐姐,不妨少安毋躁,佛殿关乎百姓世代之功业,亦系关乎我吐蕃的运势,还是谨慎为好。待我请文成详做堪舆,再予定夺。那时,你也不用那么辛苦了。"

热情满满的尺尊公主一下子被泼了冷水,也不急着打翻醋坛子,只顾挂心能够早日再动工。她百般无奈,想起大臣们也曾谆谆劝告她,修建佛殿之事尚需文成公主相助,心中思忖,是不是只有这一条路可走了?

所以这郑重一约,旋即变成了夫妻间的寻常谈心,后来松赞干布有要务处理,也就离开了。

她在担心什么呢?

一个男人的爱的流失?一位妃子的地位的动摇?汉、蕃交好,泥婆罗的安危?还是屡遭挫败的自尊和人格被鄙夷?

总之,她下定了决心要把佛殿率先建立起来。

说做就做。尺尊公主派一亲信侍女携带一升沙金赘礼,去见文成公主,几经嘱咐:"在逻些沙滩草地的一泓清泉边,文成公主正在白绫帐中供奉释迦牟尼像。你见到她后,先送上这礼物,切莫言及我以往修建佛殿被毁的事，就说有请她给我指点一处修建殿宇的风水宝地，待我造成之后就让她修建她的佛殿。"

侍女前去道明来意，文成公主不计前嫌，默声做事。草地上，设着香案，供品新鲜，香烟缭绕。她在释迦佛像前，默念祷词，向东南西北四方比划一番，然后盘腿坐在地上，对照五行八卦图、星相图，用罗盘观察天象地理，并在一张纸上描绘着什么。

近旁众多建筑师及工匠跪在地上，双手合十，闭眼默诵着祷词，屏息等候着。

没多久，她起身："行了。"

工匠们闻声跳了起来，两个年轻人机灵地捧起图纸，文成公主向众人讲解道："经我推算，逻些的地形，犹如罗刹女仰卧之状，而城中心的卧塘湖正是魔女沸腾的心脏，这里为恶道之门、不祥之兆，湖水则是魔女的血液。而红山、药王山就像猛虎与雄狮一首一尾威慑着卧塘湖，是罗刹女瞋心之所在。

"不过，只要在卧塘湖上建起佛殿，以我佛祖之无边法力镇压罗刹女的心脏，就能化凶为吉，使逻些成为吉祥的宝地，让百姓得以享受世代的恩泽……"

匠师民众听得既入迷又惊诧，文成公主继续讲述具体方法：

"若要修建神殿，先要镇妖伏魔。应在龙妖出没的必经路口镇之以白塔；在西北面铁围山下的女妖居所洞口，镇之以岩神怙主像；在惹冒切的龙王畏怖殿，镇之以世尊佛像；在东面黑罗刹逞凶的沙滩上，镇之以大自在天阳具塔。此外，还要对水怪地煞镇之以海螺，对黑蝎地煞镇之以大鹏，对黑魔地煞镇之以红塔，对大象地煞镇之以雄狮。当所有这些镇妖伏魔之事均告完成之后，再用山羊从澎波（吉曲河的主要支流之一）运来土石填平卧塘湖，然后方可在其上修建神殿。"

受命前来求教的侍女怎能一下子吸收得了这么多的信息，听了个一知半解，回去禀报时竟然颠三倒四讹传为"先用山羊运土填湖"等。因此，尺尊公主虽有疑虑，但别无选择，只好采纳从文成公主处听来的建议，开始填湖工程。

然而，七天七夜过后，仍只见湖面浊水浑泛，结果还是徒劳一场。她再度为疑心所困扰，甚至不想继续建造佛殿，总以为文成公主居心不善，在用邪说欺骗她。此时，心烦意乱已然深化为嫉恨，她索性骤然改变方案，听信别人的只言片语，另择一所谓风水吉利之地，打基起筑，终究重蹈覆辙，未见成果。

这似乎注定了是一段备受屈辱的经历，尺尊公主烦扰苦恼之余，还是将信赖投到了松赞干布身上，希望得到他的指导和支持。

次日，松赞干布派人告知尺尊公主，请她一起去遛马。尺尊公主欣喜极了，立即换上行头赶去赴约。这跑马场两边的围栏与松赞干布的身材一般高，跑道往下掘地约两人深、三尺宽，用陶砖、青砖和木板一层层铺成，其两壁雕刻装饰得五彩斑斓。

从跑马场的南门到卧塘湖大约有三百尺之遥。当松赞干布与尺尊公主并驾齐驱，缓缓来到湖边时，他示意她勒马停步，并取下手上的金戒指对她说：

"这只戒指落在哪里，就请爱妃在哪里奠基修建佛殿。"

松赞干布说着便将戒指随手往空中一抛，只见戒指落到马鞍的前鞍桥上，而后弹进了卧塘湖中。

"你看见戒指落到哪儿了吗？"

松赞干布何尝不知道自己的尺尊妃子几度挫败之下的心情，所以便心生怜悯，想要及早安抚她的心，同时也好让大昭寺尽快顺利返工。而尺尊公主心想，陛下这样做，肯定是与文成公主串通一气故意来劝服她的，便回答说："因泪水盈目，哪里还看得清一只小小的戒指？"

"爱妃虽有委屈，但不可过度任性。就在这卧塘湖上，先调伏妖魔，再起筑佛殿。我自会助你一臂之力的。"

短短几句，既表明了解她的苦楚，又予以一如既往的帮助，同时还为她做下决定，妥善安排好工程顺序——松赞干布真是个思维缜密，考虑周全的男人。尺尊公主听后，默不作声，稍有安慰，顿生信心。

至于之后的事，文成公主表现出理解和大度，将大昭寺的一切设计交与尺尊公主。她还说服中原工匠暗中协助完工，并不求所谓功劳之名。她的一席话是这样的：

"只要我们汉人在佛殿修建中尽心竭力，略尽绵薄之力，那就断无亏输之理。我大唐工匠的心血熔铸在佛殿建筑里，将与佛殿一起万古长存，这才是砥柱坚实的伟业。再说，人间万象，难逃佛祖法眼，佛祖对众生所做的一切，无论是善是恶，洞若观火，我们的功德难道还怕佛祖不知不成？诸众都是我佛弟子，如何能以凡俗眼光来看待这万世功业，如何能这般看重世俗浮名，而轻视了因缘业报呢？"

一片沉默的深思中，一位工匠不由得点头："公主一言九鼎，我们是被蒙汗油糊住了双眼。是的，弟兄们，修建佛殿乃万世功德，分什么泥婆罗和大唐哟！"

"是啊，公主都点透了，我等还有什么可说的！"其他工匠省悟过来，相继点头应和。

"《论语》里有言：'四海之内，皆兄弟也。'要想到天下众生、民族后代，才是我汉家兄弟的襟怀！"

友善的声音，落落大方地在青藏高原的上空回响。她慷慨地在这雪山之域开建心灵的殿宇，从此被世代藏族人民一再珍藏，仿佛顺着有关她的每一处地方、每一尊造像甚至每一个传说，都能溜进她的记忆中，与之共舞，与之同喜。

大昭寺：山羊的献祭

文成公主的确是宽仁讲义气的大唐女儿。她与尺尊公主之间虽有些微摩擦，但终究化干戈为玉帛，留给世人一座大昭寺以怀想。一位伟大赞普同两位公主的故事，逾越千余年仍在民间流传。

隆重的开工典礼，终于顺利举行。

这天，松赞干布亲率诸位大臣、士兵和大批子民来到卧塘湖，乐队和歌舞队紧随其后。卧塘湖边，俨然一派盛大气象。

第一项工程是，切断吉曲河北面的河道，河道干枯，湖水不会跟着大幅度下降。

第二项工程是填平湖沼，先将无数石块抛掷在湖中，再砍伐大量树木架在湖上，像水磨的轴心，像巨伞的龙骨，木架上铺满刺梨树枝。

第三项工程是，调动一切运输工具如牦牛、毛驴、白山羊等，成群结队，熙熙攘攘，驮运泥土和石头，铺盖在卧塘湖上面。

相传，当时上千只白山羊驮土往返于湖边，甚是壮观。为感念白山羊的功德，松赞干布吩咐匠人，在寺内大堂一角雕刻了一只白山羊，至今它依然卧在西南神殿的一隅。值得一提的是，藏语"山羊"叫"惹"，"土"称为"萨"，所以这座寺庙被唤名"惹萨"——它一度因成为吐蕃首府的突出象征而把"惹萨"赐给这座城市，可见，光从名字的渊源来看，大昭寺与拉萨的关联便密不可分。

就这样，填湖工程圆满完成了。后来西藏流传着这样一首民歌：

> 大昭寺未建大昭寺建，
> 大昭寺建在湖上面。

　　自此，三人的分工倒也十分明确：文成公主退居背后出谋划策，尺尊公主担当一线执行工程师，松赞干布则是这荣耀的最终归属者，他当然乐意参与，亲自执斧作匠，也是对尺尊公主承诺的殷实回应。

　　传说，松赞干布化身一百零八名木匠，每个木匠手里拿一把斧子，雕柱刻梁，塑造佛像。尺尊公主像往常一样给夫君送酒食，一位侍女从门缝里看见一百零八个木匠穿一样的服装，做一样的动作，不由得扑哧一声笑了出来。赞普闻声吃了一惊，便回头一望，结果斧口倾斜，将正在雕刻的狮子的鼻子削掉了，于是诸工匠皆不约而同地将众狮子的鼻子同时削平……

　　一个瞬间的故事就此留下了逼真的痕迹。直到今天，那一百零八个人面狮身护法神的鼻子依然是扁平的。其中，纵然不乏浓烈的神话色彩，但历史的精彩不就是由诸如此类的许多微小细节串联起来的吗？

　　经过整整三年的努力，大昭寺终于圆满建成。神殿为大昭寺的主体，亦是其精华所在。这一密闭院落，平面基本呈方形坛城（梵文音译为"曼陀罗"，是佛教中关于宇宙的理想模式）状，楼高四层，地上一、二层中间留有空间宽敞的天井，围绕天井四周的是几十个内向开门的廊房，地下两层为释迦牟尼八岁等身像的最早供奉处，不仅格局上呈现全对称分布，而且设计上大大凸显了主供佛像的地位，很有特色。

　　神殿的建筑结构采用了梁架、斗拱和藻井等方式，尤其是人字大叉梁的结构，显然属于唐代的建筑手法，这些很自然地融汇于藏式风格中，共同成为一种相映成趣的巧妙结合，并带有很浓厚的地方特点。

　　厚重坚实的墙体与低矮古朴的殿门十分和谐，使得整体格调古老浑厚；而廊房本身又在局部上凸显出个性来：柱子皆为金刚橛形，柱身下面呈方形，上面八角形，中部有束腰彩画，柱头刻莲瓣方斗，托木轮廓简洁粗大，上面雕刻着与敦煌风格相似的飞天形象和繁复绚丽的花纹——线条勾勒出的空间感和浮雕显露的精致感，无不惹人赞叹。大殿周围的相邻殿间、殿门、梁架、额枋上，都雕有多种生动图案，松赞干布错手而得的人面狮身半圆雕像亦明晰可见，间或受泥婆罗风格的影响。

如此绚烂而精致的构想，当然要以最好的材料诠释、实现才行。神殿室内是精美的木构件装饰，而殿外的精雕细琢则表现在金属材料上，比屋顶还要华丽、壮观。四座鎏金铜雕金顶矗立在大昭寺中心大殿屋顶四方，显得格外庄严、辉煌——这并非出于审美的需要，它的建立有着深层的实际意义；供奉释迦牟尼佛的位置在中心大殿东面，坐东朝西，而中心大殿楼顶东面的金顶正好盖在这间佛殿上——这也非偶然巧合，而是有意安排：这座金顶的形体和装饰在这四座金顶中最为豪华。

大昭寺各处尤其是中心大殿建筑，雕刻细腻、造型独特、线条流畅，让人眼前立即浮现出布达拉宫坛城殿中的藏传佛教密宗本尊神胜乐金刚、密集金刚和大威德金刚的刹土模型。这些模型经过雕塑家之手把人们意念中的神宫，变成具象的产物，成就了一座实实在在的人间建筑，可谓至圣至美、至真至切。换句话说，大昭寺建筑风格是坛城建筑风格。

一座金色圣殿，殿宇巍峨，凌空御风，神烟缭绕，金碧辉煌。庄丽的建筑延续了千余年的传奇与魅力，而在历史旅程上有心打探的后人，又神奇地发现：文成公主的小昭寺几乎在同时完工。两座神庙在同一天建成，同一天开光，其中寓意不言而喻。没有比这更美好的结局了。

赞普松赞干布和文成公主、尺尊公主，还有吐蕃的大臣、百姓，都沐浴在一种盛大的喜悦中。供品上乘，心意虔敬，仪式更是圆满。

大地现彩虹，天空降花雨，无数少男少女，手持伞盖宝幢、彩幡流苏、璎珞宝幔，演奏天鼓、笙箫、铙钹、螺号等，人们载歌载舞，欢庆史无前例、无限神异的神庙在卧塘平野上出现。

正如文成公主地形勘测所示，后来这里真的成了庙宇的海洋、信仰的天堂。"在魔女右肩上建噶察寺，左肩上建昌珠寺，右足上建藏章寺，左足上建仲巴江寺，此即四翼四寺；在右肘上建贡波布曲寺，左肘上建洛扎空厅寺，右膝上建噶扎寺，左膝上建扎都麻则寺，此即镇边四寺；在右掌心上建绛蔡地方的隆南（镇风）寺，左掌心上建康区的降塘度母寺，右脚掌心建芒域地方的强真（慈云）寺，左脚掌心建门域的本塘寺，并建坝卓杰曲等许多寺庙殿堂。"

　　再多的庇佑，都不及永世的功德；再深的感念，都不及千古的耕耘。大昭寺外，"唐柳"依依，这是文成公主与松赞干布亲手栽插的生命，凝结着那最热忱的汉藏情丝，随一首首民歌传唱不朽：

今天文成公主来西藏，
狮子进了大森林，
孔雀落在大平原，
不落的太阳高高升起，
西藏从此幸福太平……

我愿与你们分享所有

在藏族算学领域中最为权威的《白琉璃》中，记载了这样一句话："藏王松赞干布的父亲朗日松赞（南日伦赞）时期，由汉地传入算学和医药"，①这大概就是吐蕃最早的历算记录。当时，除了单一的师徒口头传授，这些知识无从获得广泛传播。到了松赞干布时期，吐蕃算是真正见识了中原这方面文化的博大精深：最初名叫占算术，后来发展为系统的天文历算法。

其中，文成公主所测算的结果，虽不能以今日之科学相称，但毕竟有据可循，其背后即是唐朝占卜历算的先进文明。在她的建议下，松赞干布果断行动起来。

刚堪舆出吐蕃多地煞时，赞普就派益西杰瓦、藏玉西、卓尼旦巴、热喇钦寺四人到中原，在导师巴瓦崇处学习和传译了《九续》和《三注释》，翻译了十五种五行算图表，开辟了藏汉算学交流的新传统。

在此之前，青藏高原上的藏族没有统一的年、月、日计算标准，而是各地的藏族群众依据自身所处的自然环境形成各自的物候观测历——多以谚语形式出现：

观察禽鸟和植物是珞门（卫藏南部珞巴和门巴之合称）法；观察星和风雪是羌塘（卫藏北部）法；观察日月运行是本象（即阿里三围地区）法；观察山、湖、牲畜是岗卓（即羊卓，指羊卓雍错及其周围，另：羊卓雍错，多写作"羊卓雍措"）法。

或者，仅用各种占星或简单的自然历以及各种粗浅的占卜法，根据已经发生的自然界或人世间现象进行解释，不过测候也只能局限在某一个局部地

---

① 阿旺次仁：《简述藏族天文历算中的汉藏文化交流》，《西藏研究》1993年第2期，第108页。

区或最近一个阶段。随着藏族融合进程的加深和社会生产发展的需要，松赞干布认识到：正式接受中原有关算学的各种知识，是藏族文明壮大的必由之路。民间亦流传着这样的说法："加嘎（印度）是宗教圣地，大食（波斯）是财富圣地，汉唐是算学圣地。"此外，人们还将中原当作文殊菩萨降身之地，据说，"文殊菩萨在五台山上讲授了八万四千种占算术。如此一来，研究、运用这类占算术，与佛教并无矛盾，因它本身也是菩萨的说教"，所以藏族天文历算学最崇拜文殊菩萨。

而从某种意义上来说，文成公主就是文殊菩萨的传人。

"我愿与你们分享所有。"她博爱又慈悲，始终保以这般慷慨胸襟热爱着吐蕃。

大昭寺建成三年后，因广大臣民不会计算岁时四季，不会区分吉凶祸福，松赞干布想："我已按教法制定了世间法，能够使吐蕃臣民走上善业之道，但是作为使世人消除疑虑愚昧的办法，若能将印度和汉唐的历算法在吐蕃推广，对社稷必定有益。"于是他挑选了吐蕃人中聪明有识的察达丹、朗措多勒、甲迦多衮、达米达卡四人，赐给每人一个金盘、八个银币、一个金币，金沙半斤，并对他们吩咐说："你们到中原去，学习对我吐蕃有益的学问。以前文成公主带来的占卜历算书籍六十种，还有从印度翻译的十二缘起、六口轮转等，占卜历算还未能发达。要学习测算生死、推算四季时节，须与内地人接触，你们要努力成为学者，我一定给以重赏。"

使臣很快启程，他们抵达中原后，分别拜见了四名学者，向其中精于推算四季时节的嘉赤摩诃衍那学习了一年零七个月，至于其他的几大学者，则分别教了《明灯书》《卦书》《天地寻迹》《纸绳卦术》等测算法。

四人学会测算生死、推算时节后，便结伴返回，准备以学识回报赞普对他们的栽培，建设吐蕃。

"将学会的占卜历算全部译成藏文。"这是松赞干布下的第一道命令，他的想法是，先进行全民学习，再进行精英阶层的强化、提拔与分工。

"在驾前演习，由察达丹说自己所学，由甲迦多衮批驳，然后由朗措多勒讲说，由达米达卡挑错。"贯于知人善任的赞普，需要通过这种两两较量的方式区分几人的学养层次。在他的鼓励下，甲迦多衮的讲说，对其他三人大有启发，而文成公主便在讨论学问的过程中，承担考试官的角色，她也经常与他们一起，互相切磋。最后，甲迦多衮被称为学者，得到松赞干布的嘉奖和所有大臣的喜爱。其实，达米达卡本应在最后也发表讲说，但已无必要，于是成了甲迦多衮的弟子。

"察达丹，你用卦盘为在此聚会的各位测算一次，不要为外人测算生死，以免愚夫招祸。朗措多勒，你可为人测算生时命运，不要为人测算冥间及禳解（指向神祈求解除灾祸）之法。"就这样，算学的官职分工系统简单建立起来了。而那甲迦多衮的确对中原占卜历算的各个方面都很精通，松赞干布命他担任卦师，其世系后来为刚仁巴仓所继承。

这一阶段，吐蕃从中原和其他少数民族地区引进翻译了许多有关天文历算的经典，这不仅对适用西藏地区的天文历算法的形成起了巨大的促进作用，同样为藏族文化独特庞杂的预测学的形成，包括占卜、巫术、"那孜"（黑算，意为卜筮占星的数术），赋予了不可或缺的内涵。在传统藏族算学中，占卜术或观星术与八卦、五行相生相克有关，这些原理至今仍被广泛运用，敦煌吐蕃藏文文献中关于土命、金命、"金火不合、木火不合"以及"土水相遇可合"等记载，与中原占卜明显有着共同之处。

堪舆方法与天文历算也有关，现在仍称之为"五行算"，也就是汉族文化里"看风水"。藏文史料显示，大、小昭寺寺址的勘定者是文成公主，桑耶寺的寺址也是中原占卜者勘定的。堪舆的"四象"法（指青龙、白虎、朱雀、玄武），均以译音被借用于藏语之中。

文明的后代踩在巨人的肩膀上，才看得更高更远。在西藏地区，占卜业已形成一个必要且固定的行业，其从事者，一种为宗教职业者，一种为生活在民间的专门占卜师，同时也有可能是位巫师。专门的占卜师被称为"莫哇"，不少村落中都有此类人物，他们的正式身份是农民或牧民。

今天，众人所熟知的藏族传统文化分为大五明和小五明。小五明之一"孜柔"，即"算明"或"算学"。其主要分为两大部分，包括"那孜"（即黑算，意为卜筮占星的数术）和"盖孜"（即白算，意为天文历算）。这样看来，文成公主真可以算是为西藏堪舆界开一方天地的人物了。

第十六章　爱是欣赏，亦是改造

藏袍因她而华丽

初入藏时，唐太宗赐予文成公主的嫁妆百宝箱，在她给养高原圣地的四十年间发挥了重要作用。淋漓尽致、浓墨重彩……这些词汇都不足以形容。

文成公主学识广博，聪明伶俐，又乐于共享，所以几乎把自身全部技艺都传给了这片饱受文明孕育的土地。

人靠衣装，佛靠金装。松赞干布与文成公主初次相见时，就被她华丽炫目的服装所吸引，即《旧唐书·吐蕃上》说的"见道宗，执子婿礼甚恭。既而叹大国服饰礼仪之美"。唐代是中国历史上人均消耗丝绸最多的朝代，这些在画作以及雕塑、壁画中就可见一二。藏族简陋的衣着与公主一行的各色服装相比，实在是相形见绌，"俯仰有愧沮之色"。于是，文成公主就有了第一个任务——改善吐蕃百姓的衣着。

那么，初来乍到的唐朝公主是怎么做的呢？

这的确是文成公主一展身手的好机会，因为在长安，她可是女着男装之时尚的绝对践行者。

陕西历史博物馆藏有许多精美的唐代彩绘陶俑，这些陶俑大都造型生动，衣饰华美，充分展现了唐时绚烂多彩的服饰文化。它们头戴幞头，身穿圆领宽袖长袍，腰间松松地系着腰带，一身男子打扮。但细看其面相与姿态，竟明显有着女性柔美的特征。这些陶俑轻舞广袖，腰身扭摆，姿态婀娜，整个身体曲线呈现出完美的S形，即便一袭男装，也遮掩不住万种风情。

事实上，唐朝女子并不是最早穿着男装的。历史上最早穿着男装的女子是夏桀的宠妃——妹喜。妹喜是有施国（在今山东蒙阴县境内）送给夏桀的贡品，当时有施国受到夏朝入侵而战败，出于谋略之计，有施国国王将国中最美的美人妹喜送给了夏桀，真实目的是为复仇。妹喜美貌绝伦，还常常像男子一样佩剑戴冠，桀对她言听计从，她的破坏和离间最终加速了夏的灭亡。带着政治使命来到夏的妹喜，虽未能让女着男装成为风尚，但应该说，她确实是女着男装的先行者。

而相比之下，唐朝女子着男装上至女皇公主、下至平民百姓，更为普遍。所谓"唐人大有胡气"就是至为贴切的说法。"胡"指称北方少数民族，唐朝统治者的"胡人血统"注定了他们对胡人文化的认同。史学大家陈寅恪先生道：高祖之母独孤氏、太宗之母窦氏、高宗之母长孙氏都是胡人，天生的异族血统使得李唐王室对"华夷之辨"相对甚薄。唐太宗就曾直言过："夷狄亦人耳，其情与中夏不殊，人主患德泽不如，不必猜忌异类。若德泽洽，则四夷可使如一家。"

所以，文成公主身上可以说胡气基因浓厚，再加上她直率的性格、和亲使者的身份，"大干一场"似乎并不太难。

同时，客观现实条件也得到了充分的调动和利用。公元7世纪以后，吐蕃与唐朝互通商市，吐蕃人民以牛马土产等换取唐朝缯绢、布帛等物。伴随着文化的交流，吐蕃纺织工艺水平迅速提高：吐蕃入贡唐朝的毛织物曾以工巧博得朝廷良好评价。唐朝曾将缯绢、布帛馈赠给吐蕃，一次竟达万余匹之多，成为当时吐蕃妇女们珍贵的头饰和服装材料。

当时，吐蕃人头上带有高冠的头巾或缠带，布料交叉缠绕成厚厚的环状圈，紧束的头发或发辫梳成一个卷垂至肩上，袖长过手，衣领反折成三角形翻领。衣领边缘还有图形装饰或纽扣，内层衣领、袖口、衣服边的料子不同。与中原唐朝有所关联的吐蕃穿戴样式，似乎已显示了两地之间服饰文化的豁口。不久之后，吐蕃派进京城长安进贡的使臣，明确无误地要求给予蚕种，又是在西藏地区自主发展养蚕丝织业的证据。

今天人们从布达拉宫法王洞的松赞干布、文成公主塑像身上，都可见当时的盛装为绸缎长袍，丝巾缠头，着半月花缎披风；拉萨街上的缂丝唐卡——通经断纬的高级织锦产品——着实让人吃惊，因这种工艺在内地都不多见，是文成公主留下的吗？毫无疑问地说，藏族男女至今都天天不离身的藏袍，使用锦缎材料，变得那么华丽，是公主的遗泽恩惠。

爱美是人之天性。藏族妇女似乎在服饰鉴赏力上颇具潜质，也善于打扮自己。中青年妇女大都有着匀称的身段，可以说是天生的服装模特儿。夏天她们穿氆氇、毛料或绸缎料曲巴普麦（无袖藏袍），多为深色，而衬衣则比较艳丽、明快，袖子长出手掌半米左右，放下来后彩袖触地即可翩翩起舞。纤细的腰肢用丝带扎紧更凸显其袅娜——对于邦典（围裙），她们崇尚朴素、淡雅，不同年龄的人喜欢不同的花纹和质地，她们还喜欢用鲜艳的金银织锦缎装饰上方的裙角，并绣上一两朵格桑花。总之，她们的服装在浓淡色调上搭配得恰如其分。

到了严酷的冬天，妇女们多穿长袖长身藏袍，虽仍有人穿无袖藏袍，但也会在上面套一件棉布或氆氇上衣，或用毛线织的厚毛衣，很协调、美观。

从整体上讲，拉萨服饰无论女装或男装，都非常注重色彩搭配，但不追求艳丽，装饰不喜欢繁复，而是讲究气派，高雅大方。这与唐代海纳百川的雍容气度不无二致。

《唐会要》卷九十七载："吐蕃者，在长安西八千里。本汉西羌之种也，不知有国之所由，号其王为赞普。"又："其官章饰有五等：一谓瑟瑟；二谓金；三谓金饰银上；四谓银；五谓熟铜。各以方圆三寸褐上装之，安膊前，以辨贵贱。"

可见，在文成公主的穿针引线下，不单是藏族百姓的穿着水平明显有了提升，就连其中渗透的等级观念、文化元素都一并借鉴了过来。在向唐朝靠近的进程中，吐蕃从来都是开放而包容的，而文成公主自然毫不吝啬，将更多的变化带进他们日新月异的服饰之中！

种子丰富了餐桌

> 一个柔弱的女子嫁到了远方。
> 送来了推测天文的占星学,送来了宝贵的锦缎。
> 种起了桑树好养蚕缫丝,教人们用黏土做陶器。
> 碾磨谷物的水磨也设置起来了,
> 还带来了芫菁的种子。

文成公主是那种性格的女子:敢担天下事。既然和亲之命已在她命途中板上钉钉,那她要做的就是有所准备。

在唐太宗嘱其"还是及早赴婚方为上上之策"的第二天一大早,她便亲自带领四名贴身侍女前去拜会了吐蕃来唐使臣禄东赞。礼毕,文成公主展开了询问:"雪域吐蕃之地,可有褐色之土?可有灌木之林?可有马兰之草?可有豆粒之石?"

一连串问题款款道出,语词和气,毫无骄矜之态。禄东赞躬身立着,将目光深深地投到她的脸上,他听得出来她是来了解吐蕃情况的,可只区区几个短句就涉及肥田沃土、森林树木、丰美水草、沙金珠宝多个方面,从自然环境到物产资源都涵盖到了,实在让人不敢小觑。

他立刻回答:"应有尽有。"

公主又问:"那么吐蕃可有'小可变大,少可变多'的东西?"

禄东赞听着有趣却也一阵困惑,只好如实回应说:"这样的东西可没有。"趁文成公主思索之际，他谦礼一问："敬请公主赐教，您所言是为何种奇物？"

文成公主笑了，打趣道："不知这几句诗大相听过没有？《诗经·邶风·谷风》中说：'采葑采菲，无以下体；德音莫违，及尔同死。'"

素来尚武的吐蕃大相犯了难，好在明朗的解释很快前来"救命"："意思是说：采芜菁，采萝卜，不要因为它们的块根不好，连叶子也不要了；夫妇因礼义而结合，即使妻子不漂亮了也要白头到老。"

"有意思，有意思……中土文化实在广博又妙趣得很呀！"

不错，文成公主所言"小可变大，少可变多"之物就是芜菁等农作物。

芜菁，古名葑，别名蔓菁、大头菜、元根（圆根）、扁萝卜、九英菘、台菜或盘菜等，是芥菜的一个变种，亦称为根用芥菜，为种子植物门。它在我国的渊源甚早，春秋时期的《诗经·唐风·采苓》中说道："采葑采葑，首阳之东。"《尔雅》中也注："江东呼为芜菁，或为菘，须音相近，须则芜菁。"《四民月令》中简明介绍了它的种收时令："四月，收芜菁及芥、葶苈、冬葵子；六月中伏后，七月可种芜菁，至下月可收也。"

事实上，芜菁一年四季均有生产，其食用方法很多，春可食其苗，夏可食其苔，秋可食其茎，冬可食其根，营养成分非常丰富，受到过历代名贤的赏识，诸葛亮就是其中的一位。

相传，三国时期蜀国丞相诸葛亮几次率领军队出祁山作战，都因粮草供给不上而无功而返，后来他想出一个法子，下令实行"屯田"政策，并鼓励军民广种芜菁，为打仗做准备。宋人王谠在《唐语林》中引用唐人韦绚的《刘宾客嘉话录》，把诸葛亮赏识芜菁的六条道理切实记了下来：

"诸葛亮所止，令兵士独种蔓菁者，何也？曰：'取其甲生啖，一也；叶舒者煮食，二也；久居则随以滋长，三也；弃去不惜，四也；回则易寻而采之，五也；冬有根可斸食，六也。比诸蔬属，其利博哉。'"

就这样，芜菁便有了又一个名字——"诸葛菜"。显然，对于这样一种宝，文成公主也是十分青睐的，她知道它还具有不少药用价值，可谓"有益无损，与世有功"，所以在她的嫁妆中也添置了许多吐蕃没有的，以芜菁为首的蔬菜、粮果、调料的种子。

本来藏族饮食就比较简单，除了奶、肉、青稞，很少有蔬菜水果。他们需要的维生素，转从羊吃草后挤出的奶中摄取。一点青稞做的糌粑加一杯酥油茶，至今是高原人民的基本饭食。文成公主入藏后，将很多蔬菜、粮食、水果的种子，精心撒播进吐蕃广袤的大地，不仅使她自己的生活得以保障，也丰富了藏族百姓的餐桌。

在玉树，至今仍流传着公主教当地人民种菜种粮的故事，雍布拉康山下平整如镜的大片农田之中，还有在那里生活了几年的公主的试验田。民歌《唉马林儿》唱道：

这是一个很好的地方，
名字叫北归雄。
文成公主带来的粮食种子真多呀！
共有三千六百种。

人们把她的贡献，用民歌的方式，保存在记忆里了。

据说，蚕豆、油菜等能够适应高原气候，生长良好。不单如此，她还带去了车舆、犁、水磨机等先进的生产工具，连同相关书典，真是自成体系。于是，那庞大的送亲团俨然成了"科技文化访问团"。

文成公主见西藏地区有许多湍急溪流，便令人在小河上安装碾磨，利用水力粉碎青稞，既节省劳力，又能使粮食便于进食。吐蕃百姓见之甚喜，很快接受这种先进技术。松赞干布见这种技术对促进吐蕃经济发展有利，也派人向唐朝求来技工，广泛予以推广。

怪不得，这位中原妻子能得一代赞普松赞干布的喜爱，她与他实在志趣相投。因为此前他已循着重视农田水利事业的传统，进一步开辟阡陌，在高地蓄水为池，低地于河中引水灌溉，以确保农业的丰收。

"其地气候大寒，不生秔稻，有青稞麦、裹豆、小麦、乔麦"，植物品种相对单一。文成公主的到来，直接促进了物种的丰富、农业的发展，进而使人们的生存环境也得到了改善。当时著名的大臣赤桑扬敦,被人们称为七贤者之一,他"将山上居民迁往河谷,于高山顶兴建堡寨,从此改造城镇",由此可知,农业的发展还促成了城镇的发展。

吐蕃的农业耕作技术,一般采用耦耕法,藏文称"突岱"(双牛耕地)。它也成为土地面积的计量单位,即二牛耦耕一日之面积称为"突",铁制斧头、镰刀等生产工具已普遍使用。文成公主亲自教百姓耕植,将中原先进的生产技艺一一在吐蕃予以传授、实现。中原水磨等农产品加工工具的引入,提高了粮食细加工的水平,改善了食物质量,使食品精细化加工得到了历史性的改革。

在西藏,每到收割之时,便要过望果节。其时,也是雹雨最频繁的时期,农人们最怕遭遇雹灾,所以,望果在藏语里,不仅是庆丰收,还有禳雹、霜之灾的含义。

节日当天,村民抬上佛像,背上经书,举着刚掐下的青稞穗、豌豆秧,绕本村田地一周,以求地方神灵保佑,再不会遭遇不测。今年的收获有保障了,农人顿觉心里踏实。大家便要庆祝一番,邀朋唤友,前来相聚,把盏于田间地头,围成一圈,在青草地上随性而坐,喝之不足唱之,唱之不足舞之,舞之不足骑马射箭,或摔跤,或投石,或拔河,欢笑声、呼哨声响彻原野,整个村庄都沸腾起来。太阳落西时,一眼望去,宛如一幅"家家扶得醉人归"的风俗画……

一城一世界

"农为文化之母,务农以后,始能定居,人类之发展皆由定居而起。"

传说,因青藏高原地势西北较高、东南偏低,在社会生产发展过程中,适应外界条件的主要产业有三类:高原以畜牧为主的地方称为"牧业";低谷林业为主的地方称为"农业";介于两者之间温寒相宜,以经营农业为主的地方称为"蕃"。所以,"蕃"字从"蕃域"到"吐蕃"的更名换貌中一直未脱去,因其有"农业"之意,或许也因为藏文化发源地雅砻地区是高原农业中心。

而后,"松赞干布想到,我先祖拉托托日年赞曾考虑:'为了雪域众生,将居何处?'想后,乃令居于红山;松赞干布了知此事后,又想:为了吐蕃属民事业,我亦当前往曾被先祖加持的吉祥之地"。于是便开始选择都城新址。

经综合考量,这位赞普决定迁都逻些,可以说,除了认定政治、军事方面的意义,他早已瞄准了它得天独厚的地理环境。

从地理位置来看,西起拉孜平原,东到米林宽谷,北自拉萨河谷,南至江孜平原,是自然条件最好的农区——逻些正地处这条件优越的农区中心;

从地形条件上看,逻些位于吉曲河下游谷地,平原土质肥沃,易于灌溉,是农业生产、经济保障的有利要地,且四周群山环抱,成为防守上的天然屏障;

气候因素方面,因此处地势较低,北部有高耸入云的念青唐古拉山的阻隔，同时又深入高原，吉曲河谷呈现簸箕形，为簸箕形中部的逻些减免了大风和寒冷空气的侵扰；同时，受逆雅鲁藏布江而上的印度洋季风的影响，此地降水较多，所以整体气候温和湿润，在高寒少雨的青藏高原显得十分突出。

水源优势则依傍着吉曲河来实现——人类生存离不开水，部落或民族的定居，既要仰仗河流，又不得不因谨防洪水的威胁而远离河流。

松赞干布时期，继承了藏族先辈治理水害的经验，得益于生产技术的发展，已能"低地引入河"。这种排涝措施，使低平的吉曲河下游湖沼遍地的局面得以改善，为逻些城的建立创造了可能性。但尽管如此，在修建这座新都时，吐蕃百姓仍遇到了湖沼的阻碍。

文成公主也看到，"东方山岭起伏，状若猛虎将跃；西方两山夹谷，恰似雄鹰展翅；南面流水迤逦，形如青龙盘旋；北面岭叠坡缓，活像灵龟爬行"，可说是，四山环拱，一水中流，藏风聚气，温暖宜人，可有"四方极乐世界"之称……但天象地气还是显示：卧塘地形为魔女仰卧，是不吉之兆，不利于创基建筑，应建寺庙镇之。

这在当时真是够惊人的！要知道松赞干布为了迁都花费了多大的心血和气力，这时竟敢冒生命危险把"圣化之地"说成"不吉之兆"——她该是何等有胆略有气魄！

不过，事情正是从"先有大昭寺，后有惹萨城"得到和解的。

一幅《西藏镇魔图》唐卡，还原了当时文成公主对逻些城的堪舆结果。

图上的魔女裸体仰卧，双脚微曲，左脚遮住阴部；右臂上举，手腕下垂；左臂上举，手腕弯过头顶。魔女的身躯上满绘着山形水势，在各个位置上绘制了各个镇肢、再镇肢的神庙，生动地再现了这个神奇的传说。在魔女的心脏部位，建有一座神庙以镇压魔女，毫无疑问那就是大昭寺。

一段曾共名"惹萨"的历史，就这样将大昭寺的神圣光芒，永恒地镶嵌在这座城邑上。

说起来，隋唐在规划建设京城的时候，是有过类似做法的。在地面起伏的城内五爻之处，即岗上高处，也都建为宫殿，或镇以寺庙，意思是只能归帝王或佛祖使用，不能让平民百姓居住。当然这里面也应该有占领制高点的军事防御等考虑。

不知文成公主是完全出于风水测算的结果，还是受此先例的启发，抑或兼而有之，总之因魔女作乱之说，就此形成了一个建设新城的方案。她还对四个方向的各大山峰加以命名："东南，敏珠杂日；东北，雀木西西；西北，根培乌则；西南，曲杰乌拉"——其中蕴含了佛教中宝伞、妙莲、右旋海螺、胜利幢等八瑞相之意，可以说，处处皆心思。

方案的核心，是在红山上筑修布达拉宫，整座逻些城绕之而建。

布达拉宫的位置，正好选在龙身甩向西南的龙头上，这又很像长安京城在龙首原上建大明宫的设计。建大明宫之议，最初是在李渊生前，因太极宫地卑潮湿，唐太宗为其父另选定了这个在龙首原上的皇宫新址，好让太上皇颐养天年。后来从唐太宗、武则天时起，规模巨大的辉煌宫殿陆续建成。这一选址原则，当初还在长安的文成公主是了然于心的。

当然，松赞干布想到他的祖父也曾在这里居住，便很乐意接受了这个选择。怪不得，藏族人民会不由自主地说："逻些是文成公主留下的丰碑。"

至于居住方式，逐草而牧，择水落帐，牧区至今仍保有这种居无定所的"自由"。黑白或杂色帐篷，多用绳子简易地拉起来，有时也以木桩搭架着支起。城里宫室庙宇，多用红白相间的石块垒砌，其中夹杂红柳条束为特色。文成公主带来的中原建筑的影响，还是随处可见痕迹。支撑屋顶房檐的斗拱，为典型的汉式特征，既符合建筑力学的构建，又有十分美观的装饰效果。布达拉宫、大昭寺、小昭寺以及而后建成的许多寺庙都受到了这种中原风格的滋养。

在乡镇和农村，那完全用卵石或石块垒砌的高墙属于藏式特有的朴素与坚实，而盖房夯筑时运用的夹板技术简直和今天西安的一模一样……

斗转星移，人来人往，经年以后，拉萨依然是那座充盈着文成公主气息的古城。

第十七章　他乡和故乡仅一步之遥

心中记挂的是谁

大昭寺的金碧辉煌是文成公主灼灼其华的聪慧，小昭寺的朴素壮丽是文成公主无法掩饰的低调。古往今来，太多行者慕名而来，为的是瞻望她的才华，贴近她的温情，更有不计其数的信众认定她为心灵的佛陀，朝她匍匐而来。衷情的人，将那殿宇盛装在心间，每一次到来，独爱细细抚摸那一石一木，仰面琢磨那内壁上的一笔一画，个中妙趣，总是无穷尽。

就拿大昭寺来说，主殿二楼右廊东端残存少量壁画，风格古朴，绘有菩萨、侍从、供养仙女等，形象生动，造型端庄丰腴，线条流畅，与北墙上残存的以丰乳、圆臀、细腰为特征的犍陀罗艺术壁画残片有明显区别，而与敦煌唐代画风却十分相似。她的影子就这样暗嵌在任意一处，让人无不怀想，亦从不吝惜对她的夸赞：文成公主身上满是文明的光芒，歌舞器乐、医学佛法、占卜历算……哪一项她不擅长，哪一种她不精通！

那真挚的话语里，尽是骄傲与敬意，但谁又能真切地知道她无从吐露的情思。

光阴回到她初嫁来吐蕃的日子。彼时，天与地皆是她的陪伴。

一阵琴声从文成公主的大帐里飘出，融进静谧的夜空。

这时她在独自弹琴，琴音低缓，如思如诉，弹着弹着，一滴眼泪垂落而下，在手腕处稀释，绽散成零落的透明的花朵。她继续拨弄着，任户外风啸声隐匿于耳。

侍女端来一杯热茶，见状吃惊，随即脱口："公主，您哭了？"

"谁说我哭了？"她快速抹去泪痕，倔强地说，"没有。"

"那您为什么……"

文成公主道："那是高兴，因为我……哦——对，明天我要去拜见赞普的阿妈啦了。"

口是心非还是情愫难解？高原上的夜比长安的更冷寂，她如何把自己劝慰，又如何安放她的缱绻思乡情？

不多时的浅眠过后，东方既白，晴阳甚好，照得整个逻些暖意洋洋。松赞干布披着一身阳光，带着侍卫骑马奔驰到文成公主的大帐外。他下马，一边往帐门里走，一边随口问："公主准备好了吗？"

侍女不敢抬头，只伏在地上禀告："公主请赞普暂时等上一刻，请不忙进去。"

"我都不能进去了吗？"

"奴婢不敢欺瞒赞普，是公主吩咐的。"

"咦？"松赞干布故意绷着脸，"这倒怪了，我偏要进去看一下。"他刚一掀帐帘，忽然惊喜地站住，接着一步一步退回来。

文成公主出现在帐帘门口，只见她身穿崭新的藏袍，素日挽着的发髻也变成俏皮的数多细辫儿了，她向松赞干布弯腰行礼道：

"赞普让我穿最漂亮的藏服，我这身好看吗？"

她欢悦地走了几步，试图展示出身上这一袭庄重华丽的美感来，眼神一直锁定在夫君身上，等待着他的回音。

"好！"松赞干布大声喝彩，"你就是我吐蕃最美丽的姑娘！"

他端详了良久，眼和心都被这别致的风景打动着，好像怎么都看不够，又忍不住要称赞她的美。而她听后，倏忽又成了活泼的小姑娘，蹦起来向上拍手。就这样，两人相伴着出门了。

草原上风和日丽，一条小溪从左边的山坡下流过，野花点缀这片绿野，簇拥着搭在中央的一座帐篷四面敞空，仿若是要与自然保持最端重深浓的联系。

文成公主走到卓萨妥噶座前，行汉人的三跪九叩大礼，口中敬道："媳妇文成拜见母后，祝母后贵体金安，千岁千千岁！"

卓萨妥噶常年半闭的眼睛睁大了，沉静地说："这是什么大礼，看把我儿的腰杆折着了。"

文成公主捧上一尊碧玉精雕而成的麻姑献寿工艺品和一盒人参，呈奉到卓萨妥噶面前："这是媳妇从大唐带给阿妈啦的一点薄礼，汉人叫作麻姑献寿，是祝您老人家平安万寿之意；另外这一盒是有八十年高龄的高丽（亦称高句丽）人参，常吃可以以内养外，补血益气，神清目明，请一并笑纳。"

卓萨妥噶终于咧开缺牙的嘴，笑应："好啊！到老了还能享这等福气！来来来，文成，起身坐过来……"

文成公主的表情一贯平和沉稳，本以为第一次拜会老人家会有些生疏，却不想是这般慈祥，那亲情的暖意一下子淌进了心窝。她微微颔首，脸上的表情却稍显木然，恭敬地应了前去。松赞干布看在眼里，眉头一蹙，仔细回想甚至是在确证来路上她分明是欢乐的，一时有些辨识不出那含义。他只知道她是有心事的。

堂堂赞普的心就那样系在她身上了。回程时，他不急着唤她上马，而是悠悠地跟在她身旁，走了一段路后，他说道："爱妃……"

他刚一开口，便感到似乎不太合宜，不愿搅扰她的宁静，又禁不住想为她做些什么，这一踱步跟随，只一会儿，就来到了吉曲河畔。面对着汩汩流淌的水花，清纯而毫无悬念，她缓缓开了口："不瞒赞普，妾见到阿妈啦，更想念长安的亲人了……"

这是她一生中少有的几次软弱之一，那声音轻飘甚至虚空，呼吸之间都不自觉浸着悲情。他试图第一时间安慰，却不知做何回应，只得听她慢慢说着话儿："自小母亲便有教导，女儿家安分为好，可妾偏偏性子外向，不愿待字闺中，总偷溜着往外跑。好在父亲宽宏——可如今应父皇之命来了吐蕃，妾……却多想再依偎在母亲身旁，和父亲如常畅谈一番……"

松赞干布对这种离家之苦应该是无法感同身受的，他说道："爱妃，刚在吐蕃安顿不久，大臣和百姓也都还沉浸在唐蕃初交好的热情里，爱妃不妨往大唐献份礼物，一来缓解思乡情，二来告慰长安亲人……待日后时机合适，即可回长安探亲。"

"礼物？"文成公主回过神来，对夫君的建议颇有兴趣。

"幸得爱妃这般才情绝伦，确为我雪域圣地的福祉啊。一直都是你在倾心给予，也让吐蕃的文明浸润、滋养你吧。"

"哦？赞普似乎已经有了主意？"她的声线稍显明朗。

松赞干布哈哈一笑，满怀自豪地说："我知道中原有在纸或绢上绘画的卷轴画形式，可我吐蕃胸襟开放，在布上、皮质上作画又有何不可？更何况吐蕃风光独特，爱妃还怕在其中找不到乐趣吗？"

"赞普的意思是让妾学习画艺？"

"可不仅仅那么简单哟！"说着，他将满心疑义又兴致盎然的文成公主揽进怀中。

事实证明，只此一开头，便又是一段新的文明征程。后来的史料、研究中总不乏这样起头的介绍与赞美：

唐卡是西藏文化美丽的外衣和修饰，像点缀在雪域高原上的一颗色彩斑斓的宝石。唐卡是藏族主要的绘画形式，它淳朴原始的色调，繁密精致的构图和庄严神秘的造像让我们倾倒和膜拜。它鲜明的个性和特点，以至在西方的很多博物馆、美术馆中，不用任何标示就可以轻易辨别。

唐卡里，满满的是我的思念

"唐卡"一名，为藏文汉译，或称"唐嘎""唐喀"等。"唐"字含义很多，在《法华经》中的解释是"陡然"，如"功不唐捐"；在汉语中有"虚夸"之意，如"唐大无验"；在藏文中有"平摊"的含义，引申为"伸展""平顺"。而唐卡的"唐"和唐朝到底有没有关系呢？

如果从时序和材料上看，似乎是有一些关联的。那就是，唐卡形成的时间正好在唐朝时期，中原的卷轴画形式和文成公主带去的纺织文化影响了藏传佛教绘画形式，人们习惯将之称为"唐卡"。

具体说来，最初唐卡是画在一种中原传入的由大麻等织成的织物上。随着汉藏经济、文化、商品的来往密切，中原织物大量进入吐蕃，其中有吐蕃贵族追求的丝绸、锦缎，但更多的是平民百姓穿用的麻布。《新唐书》记载吐蕃赞普身披"素褐"，即为麻织衣衫，这在敦煌壁画中也得到了印证。

那么所谓"唐卡"究竟为何物呢？以《藏汉大辞典》为代表的一类声音如是解释："卷轴画，画有图像的布或纸，可用轴卷成一束者。"但浙江大学汉藏佛教艺术研究中心主任谢继胜教授从藏文语义分析得出结论：thang-kha（也写作thang-ka，thang-ga）一词无论如何也无"卷轴画"之意，称其为卷轴画，实际上是从唐卡的形制借用中国画的术语。他进一步解释说，唐卡准确的称呼应是"挂轴画"，因卷轴指横向卷起者，而挂轴则是竖向卷起者。唐卡基本上都是竖幅，横幅较少，而且横幅只是画心部分，不装轴，加轴后也制成挂轴。这里的卷轴画应是泛指。

艺术总引人无尽遐思，忍不住想一探源头。可往往越是神秘之物，越见玄妙模糊之美。唐卡的确切起源已不好考证，五世达赖喇嘛所著《大昭寺目录》一书中写道："法王（松赞干布）用自己的鼻血绘画了一幅白拉姆女神像，后来蔡巴万户长时期，果竹西活佛在塑白拉姆女神像时，作为核心藏在神像腹内。"这是今人所能见到的最早关于唐卡的文献记载。

另外，从风格上追溯，意大利藏学家图齐的观点可谓研究者们的共识："西藏宗教艺术的重要形式，如雕塑、绘画等，都是藏族人民接受临近国家和地区的影响发展起来的，具有藏族个性特征的艺术形式，唐卡亦应如此。"谢继胜教授在《唐卡起源考》中更具体指明：唐卡的发展基本上与汉唐至宋元中原卷轴画的发展进程相适应，它是在唐蕃交往密切的敦煌，沿着佛教绘画的轨迹，由吐蕃旗幡画演变而形成的。更为精准而详细的证据显示为："由汉地丧葬仪式使用的幢幡与帛画，结合由西域传入的佛教图像与幢幡式样，用汉地帛画飞幡装饰方法形成的敦煌长方形图像幡是西藏绘画最早的样本。"[1]

展开文明的旧历，幸而有历代学者的孜孜以求，世人才得以较为容易地揭开唐卡的面纱，一睹它的风华神韵，谛听它的绵长故事。从唐卡发展的历史来看，中原艺术对唐卡绘画的影响主要表现在画面背景的描绘上，如山、水、树、云彩，尤其是花鸟、装饰等方面。事实上，由于佛教造像有其自身的造像尺度，画面上佛像或神灵等主像丝毫不能变动，唐卡便成了能体现艺术家创作个性内容的最好诠释。

而文成公主当时如何汲取藏族传统文化、吸收佛教相关元素、学习绘画技艺，再融入中原画风……并将这一系列要点合为一体，实在令人难以想象，不知她自身是否知晓手中之物日后竟成了一项伟大创造。

无论如何，松赞干布仍是这一文明的第一归属者。藏族绘画主要有两种形式，一为壁画，二为唐卡——要不是他的提议，文成公主缘何获得此方面的圆满？她在其中投入了大量心血，好似久了就真的忘却了初期接触它时的由头。聪颖与好学，是她身上的无尽宝藏。

---

[1] 谢继胜：《唐卡起源考》，《中国藏学》，1996年第4期，第29页。

"听说这些日子，你整日都在钻研唐卡的绘制，人都瞧着憔悴了。"

松赞干布得闲前来问候自己的爱妃，语气中充满怜惜，间或有点责备。文成公主听了，爽朗几声欢笑后，忙停下方才的构图思路，贴过身来，开解道："怎么可能呢？妾别提有多喜欢画唐卡了，真是又神奇又带劲。要是多来几种这样的体验，恐怕都没有时间想家——"

"哈哈！"

他笑着，朝她忙碌的案台走近，想一看究竟。他见惯了画匠们的成品，却对眼下这近乎狼藉的工具素材感到莫可名状。适时，她一如行家似的讲了起来："绘制唐卡是一件极严肃的事情。画师动笔前，每每要修行数日，以养性凝神。绘制一幅唐卡，有的竟要用一两年时间。其价值之高，也就可想而知了。唐卡制成后，一般还要念经加持，且用各色丝缎加边。面上要套面纱和飘带，上下两端缝有银或铜装饰的木轴，能使画幅卷起来，携带方便。"

松赞干布边听边小心地摩挲着几张画纸，文成公主见状，将讲述自然过渡到具体的构图上，这也是她近日集中琢磨的功课："唐卡绘画构图严谨、均衡、丰满、多变。中心构图和三角构图法，是最经常采用的两种方式，前者以主要人物为中心，达到画面主次分明、饱满均匀的效果，后者呈现出上小下大的趋势，使整个布局稳重、沉着。假使要表现叙事性题材时，则多用对角线构图。此外，网格构图法非常适宜表现佛教题材中庄严、肃穆的场面，以及生老病死的自然发展过程……"

"赞普，请看这边，"她说着，以手指向旁边几幅人物造型的练习图，"唐卡不仅构图精巧，人物造型也彰显着独特的美感。像释迦牟尼佛、药师佛、千手观音等形象虽都表现宽厚慈和、安详文雅之态，但还是各有千秋，不仅使人一眼就能予以分辨，还要让其生理特征和精神面貌达到最大化的诠释。"

她就这样一心专注于唐卡之上，曾经难解的思乡情在这过程中获得释放、转移或者说是隐匿。时间过得很快，无数次的内心观照、凝眸片刻与戛然而止都在漫长日月中变作了一笔一画的描绘与挥洒，在富丽明快、灵动鲜活的格调中得以浓墨重彩的传承与改良。

今天，依据制作方法，唐卡可以分为彩绘唐卡、堆绣唐卡、刺绣唐卡、印刷唐卡、织棉唐卡和缂丝唐卡六类。千百年的文化血脉也分由多个不同的流派共享，比较知名的有勉唐画派、钦泽画派、噶玛嘎孜画派、勉萨画派等。

唐卡的制作工序复杂，精确地细化为十二道，分别是涂胶、打磨、勾线、着色等，每个步骤都要求画师投入十二分的专注。而唐卡之所以珍贵的另一个原因则在于颜料非常特别，所有的颜料皆取自大地，不是珍贵的矿物就是稀罕的植物，包括金、银、玛瑙和藏红花等，所以色泽艳丽，历经沧桑却不褪色。

于是，后继的画师只能从每一分的投入中体味昔日文成公主的个中情愫，正像在雪域高原上素面朝天、勤勉耕耘几十载一样，这个女神般的存在从来都是烂漫的，又因深情而隽永。

和睦的温度

"在崇尚佛教的雪域先民的游牧生活中,除了颂念六字真言,还需要有一种随时可以供奉身、语、意圣物来赞颂佛陀,瞻仰佛陀,而唐卡这种宗教艺术形式自然是最理想的载体。"藏族百姓与他们的牲畜在辽阔而荒凉的高原上逐水草而居,裹成一卷的唐卡成为漫漫长途中随身携带的庙宇。

信佛者为了游牧在外时不误修习,请高僧绘制自己的观想对象,经过开光,装裱成卷即可收藏,也可随时张挂。有的还绘制微型唐卡放在佛龛内或随身佩戴,保持念佛的虔敬习惯,从而起到获取福运、消灾驱邪的护身符作用。因此,唐卡的用途主要就是礼佛、观修、坛场需要、祈福护身和教育传播等。

对文成公主而言,晚年驻留吐蕃、寄居山南,无一日不是以保持了一生的祷念维系与往昔的联结。而繁华的长安、兴盛的逻些,无不凝结为心中的遥想,她的全部热忱都在那近身的一卷释迦牟尼佛唐卡上得到和解:

佛祖身披袈裟,没有项链、璎珞,左手托钵,右手施触地印,结跏趺坐于莲台上,只有朴素的头光和背光。

时常专注于这一信仰的实物载体上,保以清净,阻隔任何妄念闯入心灵。次第而行,平凡而具体,每天都依序做这一件事,就如同吃饭、睡觉那样。她日渐明白,藏文中佛教徒一词的意思是"内道者",即向内观照,从本心而非本心之外寻找真理的人,这确有道理。

与此同时,回忆成了日常里唯一丰盈的通道,手下安闲平实,心中亦自有境地。

这一日的黄昏格外清丽,光线疏朗,蕴意绵绵,与彼时某刻极为相似。

"公主，文成公主前来看望您了……"

"快请文成公主进来。"

尺尊公主在自己的帐篷内正准备歇脚、卸妆，侍女一声禀报，本能地热情起来，但转念一想，上次还因佛殿之事当面较劲，可文成公主不仅堪舆无误，还颇有风度地将工程全权交给自己，便顿觉尴尬、羞愧，于是，收敛了点心绪，以和气相迎。

"妹妹来了，快请坐。"

文成公主一听她语气中粘连着亲昵，正合自己此趟和解之意，也诚挚相应："姐姐几个月来连续操劳，"她打量着尺尊公主，"比半年前黑了、瘦了很多，妹妹十分心疼，今天特来看望姐姐。"

"多谢妹妹体顾。其实，我也没做什么，只是每天到工地转转看看，大唐匠师们把一切都安排得井井有条，还多亏了妹妹引导，我啊——简直就是坐享其成。"

如果说之前尺尊公主间有嫉妒或误解，那么大昭寺一事之后，她便真心对这位唐朝公主抱以敬意，想与之真正亲如姐妹，所以借此机会，便主动示好，本想道歉，可话到嘴边还是抹不开面儿。

"姐姐，修好你的佛殿是我们大家的心愿。"文成公主说着，把手搭在对方手上，笑着享受这企盼已久的时刻。她微微侧转身体，从随行侍女手中接过一个黄绸小包，道："这是我特意带来给姐姐的，由长安宫廷特制，专为女人养颜补身之用，常服可以春颜永驻，娇美漂亮，姐姐不妨试试看。"

尺尊公主接过，有点心酸地说："……我？我就是用了这些东西，赞普也忙得顾不上多瞧一眼。"

"怎么会！其实赞普心里惦记着姐姐呢，也时常在我耳边嘱咐，让我多来姐姐这里走动走动，说你我年龄相仿，该有多少知心话能说道啊——我这不就奉命来了嘛！

"赞普，他是深知'打江山容易，守江山难'的古训，所以励精图治，不敢有丝毫懈怠，我们得多理解他。"

寥寥数语，简明精悍，句句在理。文成公主始终和颜悦色，语速不急不慢，心下沉静淡然，好似天生擅长友善为人。眼瞧着方才还很无助的尺尊公主听进去了这番劝言，不自觉点着头，她再开话题，又是一种邀约：

"姐姐平日里，可以跟我一样，向画匠学习绘制唐卡，有趣得很！"

"哦，我听说了……但那个是不是很高深哪？"

"高深才更玄妙啊，才让人忍不住往里面钻呢。"

"好啊，好啊。"

文成公主明显把尺尊公主的情绪带动起来了。其实，她的出发点，更多的是从一个女人的角度考虑的。在这高原寒土上，因为嫁给一域之主，辅佐为政、传扬文化便属平常之事。除了像普通人家的妇女照料好夫君的生活外，内心的寂寞只能自我排遣，丰盈度日，才是不枉生命的活法。

她曾受困于思乡之苦，却也在自我的信仰中得以纾解。现下终于与尺尊公主冰释前嫌，也即时体会到了和睦的暖意，仿佛是一份填补，又是一种温存，毕竟她们尚属同类。

汉、泥文化像两条活水一样汇入吐蕃生活的方方面面，佛教当属第一，第二便是两地绘画艺术的深沉影响。西藏大学教授丹巴绕旦在《西藏绘画》中记道："松赞干布时期的格热岩石上自显六字真言、观音、度母和马头明王像及昌珠寺扎西强酿殿里的主佛，明照佛，拉萨扎拉鲁谷洞中的释迦牟尼佛像等都是当时的尼泊尔（即泥婆罗）工匠所刻，大昭寺的主佛之一大悲观音五位天成天佛也出自一个叫绰布的尼泊尔工匠之手，大昭寺里的壁画大都同样由尼泊尔画匠所绘。"

或许在陌生的后代面前，文献的载录远不如实物的验证来得直观。敦煌十七窟的藏经洞里面有相当数量的古代帛画、纸画及藏文写本，其中吐蕃绘画约数十幅：材质为帛、麻、纸三种，内容多为各类佛像、菩萨像；从艺术风格上看，其中一类就是画在麻布上的印度、泥婆罗式佛像。

无所谓邀功，无所谓争名，不论史册能否圆满地镂刻下来，时代的华彩就在发生进行的当时。很多年后，当文成公主一遍遍摩挲着唐卡上的图迹，依稀照面了陈年往事，那黄铜的灯盏像朴实无华的阳光一样，精致地勾勒出他们笑容的轮廓，让文成公主聆听自己内心的声音时，感到分外知足与感恩。

互市是民族间的对话

用今天的眼光来看，文成公主应该是一个很有品味，亦十分懂得生活情趣的人。她给西藏地区播撒了精神的种子——佛教，使得这一颇具潜力的民族成为全民信徒，而另一种称得上"瘾"的东西，就是茶。

藏族百姓爱茶之甚，是其他任何嗜好都无法比拟的，有人形容藏族百姓"倚茶为命"，不仅不过分，反而足够贴切。无论何时，他们招待客人首先端出来的就是茶；出外旅行必带的也是茶；累了饮几口热茶能立刻消除疲劳；病了，一口浓茶下肚即似解毒。在藏族牧区，牲畜也有此待遇，马喝了长膘快，牛喝了增加奶量。而广大人民平时多食用肉、乳，喝茶可以解油腻、助消化。长期的自然经济生活已让他们惯于自给自足，并不需要外界供给很多东西，但茶却是绝对不可缺少的。

借此，"一日不饮茶则滞，数日不饮茶则病""宁可一日无食，不可一日无茶"等谚语一代代流传了下来。尤其一到冬季，藏族同胞就更离不开酥油茶了，究其原因是为了应对寒冷干燥的自然气候，"其腥肉之食，非茶不消，青稞之热，非茶不解"的生活方式随之可见。不分男女老少，人人皆饮，一人每天喝茶多达二十多碗。很多人家常把茶壶放在炉子上，终日熬煮，以便随取随喝。

在唐代，品茶论道是一个不可忽略的文化现象。长安城是当时国内的政治、经济、文化中心，在那里，寺庙禅宗风靡，茶肆酒楼林立，文人墨客向往，"吃茶去"红极一时。而每年清明节前后，一年一度的唐朝清明茶宴盛况空前，王公贵族、文武官吏、寺庙僧侣和诗画歌咏者，应皇帝诏请，纷至沓来，争着品尝明前"贡茶"为一大乐事。

一直生活在长安城的文成公主，自然受此熏陶，知茶礼、懂茶性、能烹茶，加之信仰佛教，也对茶禅一味有所痴情，把茶与佛教进一步融合：千余年之间，藏传佛教的寺庙里头总会有一特大的铁茶锅，供香客饮用，算是佛门的一种恩赐，前来求取"神物"的信徒们被施予的药品或"神水"中也都有茶叶；在藏族地区，去探望亲友或病人，要带上茶叶或酥油茶；男婚女嫁时，亦视茶为珍品礼物，象征婚姻美满和幸福——善于寻求精神庇佑和灵魂告慰的藏族人民把这种崇信发挥到了极致，以至于茶传入吐蕃以后轻易便受到礼遇。

皇帝的女儿爱喝茶，起到了"上有所好，下有所效"的作用，这种风气迅速地在吐蕃地区得以传播，影响到了高层贵族，从而也推动了"互市"——"茶马互市"的进程。

这一切还得从"和亲"说起。

"和亲外交"虽为汉朝首创，但"和亲"用作两个政权间通婚的专用词却是自唐代开始的，其进步意义之一便是促进经济文化交流。

"通贡"是一种由官方控制的民族间的经济贸易，古代中原王朝把周边藩属送来的物品叫作"贡品"，这种方式叫"进贡"；而中原王朝回赠的丝帛等则叫"赠品"，这种行为叫"赏赐"。如此"贡赐"满足了贸易双方的需要：进贡者谋求政治上的依托与援助，并获得物质利益；赏赐者则将之看成倚赖经济手段而安抚边境、结好各政权及各民族的基本国策。在唐朝宏阔的版图及其影响范围之内，许多民族尤其是隶属羁縻都督府、州内的少数民族首领都要定期到唐廷朝贺，表明述职，即史载的朝者"顶礼天可汗，礼诸天奴身"。

唐太宗贞观年间是周边各民族向唐王朝朝贡最为频繁的一个时期。如贞观十三年（639年），"高丽、新罗、西突厥、吐火罗、康国、安国、波斯、疏勒、于阗、焉耆、高昌、林邑、昆明及荒服蛮酋，相次遣使朝贡"；贞观二十一年（647年），"堕婆登、乙利、鼻林送、都播、羊同、石、波斯、康国、吐火罗、阿悉吉等远夷十九国，并遣使朝贡。又于突厥之北至于回纥部落，置驿六十六所，以通北荒焉"。由此可见，在中原长安通往周边各民族地区的道路上，朝贡的使者络绎不绝，而吐蕃更是其中的积极分子。

"名为朝聘，实为交易也"，这种经济行为的发生，一方是唐廷，另一方是代表各民族首领的使臣。首先各民族首领为表忠心，要奉守"藩臣之礼"，定期向唐王朝贡纳"臣礼"，其内容为各地珍宝和土特产；其次，唐廷赏赐给各少数民族首领或使臣的"赐物"主要是如大绢、细锦、绫罗之类的丝织品、粮食、茶叶、铁器、瓷器等，而且本着"计价酬答，务从优厚"的原则，常常是贡品的数倍。久而久之，这种贡赐贸易关系，成为中原与边疆经济联系的一条重要途径。

随着往来频度的加强，官方的"贡赐"越来越难以满足民众生活的需求和民族经济的发展，于是更加广泛的经济渠道也在民间应运而生了，这就是"缣（双丝的细绢）马贸易"。中原汉民族对马的需求非常大，它既是农耕生产中的重要畜力，又是狩猎、交通、骑射、战争中不可替代的工具，而少数民族特别是贵族们非常青睐丝织品，将其视为上品，所以，"缣马贸易"盛行，当时一匹缣换一匹马——主要通过"互市"进行。

其实，"互市"早在春秋战国时期就已经存在。据《左传》记载，周灵王三年（前569年），晋悼公实行"和戎"政策，以货物换取"戎狄"的土地。西汉开设"关市"，与匈奴及南粤赵佗进行交易。东汉及魏晋南北朝时期，中原与边疆民族间的贸易称作"互市"。隋设"交市监"，统一管理与西北各族的互市。唐承隋制，于贞观六年（632年）改"交市监"为"互市监"，兼管与西北、西南各族的茶马互市。

如果说"通贡"由官方组织控制，还带有较浓的政治色彩的话，那在"和亲"背景下的"互市"则更多体现的是两族人民的经济生活交流。虽其中不乏官方商贸，但更多的是在和平环境下进行的民间交易。"互市"的场所一般由官方设定在边界上。

吐蕃政权因为基本上与中国封建社会的鼎盛时代——李唐王朝相始终，加上其心态主动开放，乘着文成公主入蕃开启的友好交情，享受了较其他少数民族更优越的待遇。唐政府和人民，主要以缯绢、布帛、茶、铁器等物换取吐蕃的牛、羊、马等，特别是茶马两宗，更是汉藏两族人民进行交易的主要物资。

据说，松赞干布时，就曾派人专门从事内地茶叶贸易，后来随着饮茶习俗在吐蕃的普及，从事茶叶贸易的吐蕃人就更多了。《明史·食货志》记载："蕃人嗜乳酪，不得茶，则困以病。故唐宋以来行以茶易马法……"唐人陈陶《陇西行》有诗："自从贵主和亲后，一半胡风似汉家。"

唐朝和吐蕃还多次和盟定界，沿边划地设市，进行通商贸易。武则天万岁通天元年（696年）、唐开元十八年（730年）、唐建中四年（783年）、唐元和十年（815年）发生的互市往来，即为著名的几次。

再往后，当"茶马互市"由盛而衰，骡铃声声、马蹄阵阵的"茶马古道"翻开了新的一页——驿道、茶道、栈道、商道，日渐丰富为一条名副其实的交通大动脉，直至从历史的地平线上消失……而西藏百姓畅饮着热腾腾的酥油茶，开发着健康的清饮茶，不断探索着广阔的茶叶消费市场，仍不忘追念起历史上的那位"茶皇后"——文成公主！

第八回
生命的渡口

永隆元年（680年），文成公主未能挨过一场凶猛的疫症，从此长眠于雪域高原。或许是因为文成公主极易为别人的悲苦动容，或许是西藏百姓感念她为唐蕃友好做出的一切努力，在她去世之后，西藏的百姓将文成公主奉为慷慨慈悲的绿度母，日夜为她祈福……

第十八章　与整个世界温暖诀别

死亡的降临

唐仪凤元年（676年），吐蕃赞普芒松芒赞去世，年仅八岁的赤都松赞嗣位，政务仍由钦陵兄弟执掌实权。吐蕃"遣其大臣论寒调傍来告丧，且请和。高宗遣郎将宋令文入蕃会葬"。相同的故事早已发生过一幕又一幕，从前是臣属之礼传统的延续，如今却夹带着战局双向损伤后的理性之故，禁不住让人辛酸唏嘘。

这一过程中，使臣论寒调傍负命向唐为赞普请婚——时隔二十一年，尽管吐蕃屡次要求和亲，但其间因双方时有军事冲突，均为高宗所拒。于此，不能说遗憾，只能说是唐蕃各有考虑，仍心存芥蒂。

其实，细数文成公主入藏以来之事，可知唐蕃联盟有着坚固的基础和宏大的前景。

"戎王子婿宠，汉国舅家慈"，舅甥关系在历史上自此传为美谈。而后，是册封关系的建立：赞普身故后一定向唐告哀；新任的赞普，须经唐朝的册命才算合法。不论其后各个历史阶段内有如何的曲折和变化，吐蕃与中原王朝的蕃属关系，早在那时就已明确地建立了。接着，文化交流自然你来我往，两相影响，结为一体。

以和亲为纽带而产生这样直接或间接的成果，无形中为羁縻政策的推行搭建了桥梁。

第八回　生命的渡口

羁縻一词，初见于《汉书》。汉通西域，设都护，以至屯田驻军，都是为了防御匈奴，确保与中亚、西亚交通路线的畅通。只要当地各属国相安无事，汉王朝只是与它们加强文化、贸易等方面的联系，不要求同内地划一管理。这就是羁縻的由来。

唐对西域的经营，较汉又更进一步，即在高宗显庆二年（657年）破西突厥，分其地置濛池、昆陵二都护府，并于龙朔元年（661年）在于阗以西、波斯以东分置都督府十六、州七十二、县一百一十，隶属安西大都护府。这只不过是在名义上置州府，实际上仍都保持其独立状态。但唐王朝的声威却从此远及西亚、中亚。而西域各羁縻州的设置，与吐蕃的安全关系颇为重大，由此便可了解吐蕃与唐相互依存的关系。

这也就是终唐之世，都并未在吐蕃境内设立州县的主要原因吧！通过友好往来和互市，以加强双方之间的联系，比一般设羁縻州显然更进了一步，如此，吐蕃也能从民族政策的因地制宜中，感受得到中原唐朝的肯定和重视。

如果说，和亲、羁縻、通商等政策都带着坚硬的集权盔甲，那么宗教的弘传，就是文成公主亲身实践而为的功德——她的个体精神在其中含苞绽放，进而芬芳四溢。

然而，死亡的再度降临，如一记惊雷，震慑了吐蕃全域。

这里瞬间静寂了。

没有人知道，在她的床榻前，是谁端茶送水，陪伴了最后一丝温热。

没有人知道，她过分简单的居室，在趋近永恒的那一刻是什么样子。

不过倒是任谁都不会不信：她平静的面容下，藏着一颗宽广而包容的心；不论哪个侍女亲历了她的告别，她都盛情感激；而在她每一处居停之所的床头，想必都残存有佛典的余温或者未来得及收起的抄经纸页……

山南本就是物华天宝的自然圣地，但此刻显得更为清静了。冥冥之中，尽是哀思，后人因追念而不得，便只能在浩瀚史书中搜罗一点可能的讯息。事实证明，只一个人给出了明晰的答案，以回应这世间千万清醒的探问。

文成公主的死因为何？

王尧教授曾得到法国藏学研究中心石泰安教授寄赠的新版《敦煌古藏文文献》影印本，在前两集的翻译过程中，有幸发现了这样一段文字，颇为重要：

"（于阗僧侣）初夏四月到达吐蕃，及至此时，有众多僧侣还俗，亦有多人饿毙道中。时，吐蕃赞普与汉地君王结为甥舅，文成公主降嫁吐蕃赞普。公主于吐蕃修建一所极大伽蓝（原意指僧众所居之园林，一般用以称僧侣所居之寺院、堂舍），并献与土地、奴仆、牲畜。全体比丘来至此处，生活均由公主供养，吐蕃之境大乘佛法更为宏扬光大。十二年间，比丘众与俗人民户虔信佛法，幸福安康，忽有群魔侵扰，黑痘等症盛行。文成公主罹染黑痘之灾，痘毒攻心而薨。于是，俗人民户顿起疑心，云：'黑痘等症流行系比丘僧众来到吐蕃遭致祸殃，绝不能再有一名比丘留于吐蕃'，收彼等驱赶回至各个原地。"①

这是第一次透露出文成公主致死的真正病因，也是吐蕃人关于痘症的第一次记载。

历史就这样戛然而止了。人们对前所未闻的"痘症"并没有多少认知与判断，于是好奇之下的打探、惶惑之下的迟疑，都化成了短视却果决的行动——因对文成公主的爱戴而做出的保护与捍卫。

生命的抽离，死亡的钝重，精神的坍塌，和史无前例的孤独，在那一时显得分外分明、斑驳，甚至出奇。他们如何承担并释然？

还是多亏了文成公主在这里撒播了遍地的信仰的种子，由来世传递而来的消息安抚了浮动的人心。因而，"在西藏，死亡将会使得一个性情平和的人从有助益的社会中慎重而悄然地退出，没有坚定和不安，甚至也没有由于意识上的紧张变化而引起的心慌意乱，他们只是把死亡作为新生的过渡而自慰"。

---

① 王尧：《文成公主死于痘症》，《历史研究》，1982年第4期，第77页。

告别，生命的常态

诚如死亡不是一件急于求成的事，而是一个必然会降临的节日，文成公主在一生修佛念经的历程中，早已对之培养出了平常心。

她曾经历过父皇唐太宗和夫君松赞干布的离去，纵然当时执着深深、眷恋悠悠，可安定过后，还是淡然地明晓"死亡突然降临，说走就走，没有半点通融，再多的牵挂也得放下"这样的道理——她一遍遍说服、劝解、宽慰自己。

想来，得悉父皇亡讯那段时日，松赞干布一直守护在她身边，让她颇感欣慰，后来这位雄鹰一样的男儿也倒下了，她就静静地攥着与他的记忆，幽居在他的故地，缱绻度日。

生命果然在自行做着减法运算，而今，她毫无征兆地遭逢了这相同的终局，亲证了那真理的时刻、面对自己的时刻、不可避免的时刻，在生命的旋流中随风起舞。

其实，于人之绵长一生中，比起死亡，告别大概更符合生命的常态。或主动或被动，总归每有一次体验，便多一分别样的体察。

那夜，文成公主的小院外，已聚集了一大片藏族乡亲们，他们默默地站着，崇仰地望着灯光连接月明的那扇窗户。

环绕周围的地上，放满了一圈一圈闪闪烁烁的酥油灯，仿佛天上的星星降落人间，又似吐蕃人为公主祝福的一颗颗纯洁真挚的心。

"菩萨明天就要走了……"

"要走了……"

几个乡亲不由自主地打破了僵持已久的沉默，好像似乎一定要做点什么才行。他们手里捧着哈达和礼物，却没有谁想挪动脚步送进去……

第二日，酥油灯化作草原上的漫天朝霞，归唐的车队出发了，文成公主却没有走。

她的忠贞便是她的决定。

文成公主站在山头，用目光默默地向故乡的亲人送别，她仿佛看见车队倒行，隆重的送亲队伍越来越近，父亲的面庞依然那般沉着，额头皱褶已悄然出现，她再踮脚探望，尚凯一行人挥别的手已经越来越小，她的两只手紧紧压在胸脯上，似乎还需要思索要不要也挥手回应……

那首她自吟的思乡曲，在风里深情摇曳，在草原上恣肆弥漫："唐蕃唐蕃兮，兄弟一家亲……"

歌声止息，车队翻过远山，文成公主回过头来，有些吃惊，身后的山坡上，蓝天艳阳下，竟伫立着那么多吐蕃男女，从近山铺向远山，哈达堆成海，人群聚成海，他们眼里泛着股股巨大的热流，似要把整个天地燃烧起来。

看着那一张张淳朴的脸庞，她不由得动容，妇女现出特别的敬意，小孩子们一双双明亮的眼眸眨巴着，好像被不自觉地带入了郑重的仪式现场，老人眼中含着殷实的关照和愉悦，从挺立的背影得知她的伟大与不易，因而只能回报以自身的无限温情。

她暗自整了整心绪，并没有让感动的眼泪流出眼眶，倒是跟随在旁的几个侍女随从，觉察出公主的脸色有异，回望时一下子被震撼到了，眼角的湿意静静地升腾。而文成公主在这满山遍野的恩泽里，更加坚定了自己的决心，他们需要她，她必须继续强大起来。

那首缭绕的琴曲又响起来了，是感激的序曲，是情意的赞歌，不过这一次，不是人间的独吟，而是天地间的混声合唱，如狂潮席卷着每一寸土壤与苍穹，像海涛囊括着每一帧地面与天景："唐蕃唐蕃兮，兄弟一家亲……"

在文成公主身前，有整个吐蕃的热情与渴慕，感念与崇敬，光阴的罅隙只一个晃神，便将她带回了初到之日时的盛大场面。

第八回　生命的渡口

红山上，几十只莽桶号（藏族伴奏乐器之一）如大炮一样架在石砌的矮墙上，连绵不断的号声在逻些上空回响，阴霾散尽，朝阳异常明亮地裱挂在天上。

阳光下，逻些城披上了节日的盛装，家家帐篷前的地面上都绘着白色吉祥图案，各河岸、路口以及毡帐上都飘拂着色彩鲜艳的风马旗，煨桑的烟雾扬升着，笼罩了整个城区上空。

南面广场中央，临时搭起巍峨的高台，各色彩绸、鲜花装扮出一派繁华与锦绣。在此之前，逻些及各地的大小官员、贵族和不断蜂拥而来的百姓，表达着最自然的热忱与敬意。

一对对威武的吐蕃士兵把守着广场周围及高台左右，所有通往广场的过道上都站满钉子般一动不动的武装兵士。彼时，虽是人头攒动，却也近乎鸦雀无声，她大概知道这是有所安排和训练过的，但感念依然。

而此时，剔除那些锣鼓喧天的热闹、张灯结彩的纷呈和整齐划一的秩序，她感知到的是纯白的献礼、火热的静默、绿色的安详——这无疑是最自然的情感流露。

真实的才是最好的。她用大半生的倾心付出与乐意而为，换得了一片净土的景仰与温热，直至丰盈了她生命每一刻的绚烂与平凡……

当关乎她的全部故事，随归唐的车队一起载入山原的另一端；当有关她的众多传说，随年轮的流转一并传到子孙们的身上；当投递给她的敬慕与瞻望，寄寓在西藏各处的文成公主像上；当凝结于她的眷恋和珍视，由一位赞普的心间转移到所有民众心间……她是圆满的，是快乐的，是无与伦比的。

数次告别的练习，换来了她阔别整个世界时的安然。人们懂得她的性情，所以也愿意一如既往予她最合宜的分袂，让她入清凉境，生欢喜心。

最后的媒人，最后的光

历史像个殷勤的刻录者，不管人间多少骚动抑或静寂，它总要例行职责，切实地记上一笔。

"永隆元年，文成公主薨，高宗又遣使吊祭之。"《旧唐书》中如是说。清清浅浅，只一竖行印迹，便是节制的完结，毕竟这确实为一个严肃且必须认真的话题。

按照《礼记·曲礼下》所言："天子死曰崩，诸侯曰薨，大夫曰卒，士曰不禄，庶人曰死。"不过，诸侯、大夫、士死，不分别言"薨""卒""不禄"，而言"不禄""死"，即属报丧之谦辞——在书仪和口头之礼上的讲究如此之细微。另外，国君死，讣于他国之君，不直接说"敢告于君"而说"敢告于执事"，则是表示尊敬他国之君而不敢直接向之报告的意思。

在这里，后人看到，文成公主下嫁吐蕃，是被以"诸侯"之位相待的，足见她的重要，而所有合乎她身份的礼赞势必应时履行。

这一年是唐高宗永隆元年（680年）。当文成公主开始长眠于衷情一生的吐蕃土地时，唐高宗的身体状况日薄西山，而在他在位三十四年中的大部分时间里，有一个女人不得不提，她就是美貌诱人的武曌——武则天。

历史学家因为是在事后写书，并且都是从事后的认识出发，他们记载太宗时期的各种事件时，就好像已经预料到有朝一日会发生武曌搞垮唐朝的大灾难："贞观初，太白频昼见，太史占曰：'女主昌。'又有谣言：'当有女武王者。'太宗恶之。"

彼时，金星多次出现于白昼，宫廷占星术士解释说这意味着会有女人短时期地登上皇位。与此同时，女性统治者"武王"将在李唐皇室三世以后取而代之的流言开始在百姓中流传。唐太宗对宫廷主要占星术士的进一步询问，了解所指的这个女人已作为皇室亲属进入宫内，她将在三十年内统治整个中国并杀掉几乎全部皇室成员，唐太宗以他特有的直率方式提出要处决占星术士所怀疑的全部对象，但后者坚持说天意不可违，事情就这样放下了。

不过唐史上倒真有一个李君羡为此付出了沉重代价，末了又确实在她实行统治期间予之平反。

"时君羡为左武卫将军，在玄武门。太宗因武官内宴，作酒令，各言小名。君羡自称小名'五娘子'，太宗愕然，因大笑曰：'何物女子，如此勇猛！'又以君羡封邑及属县皆有'武'字，深恶之。会御史奏君羡与妖人员道信潜相谋结，将为不轨，遂下诏诛之。天授二年（691年），其家属诣阙称冤，则天乃追复其官爵，以礼改葬。"

旧时陈年事，本就不可随意捉摸，更何况今人还远隔千年的虚妄，只能依靠一点切实的史料来还原、摸索，揣测出当时的些许情状。

唐高宗仪凤四年（679年），小赞普想效仿松赞干布之举，千古留名，曾向唐王朝请婚，点名要太平公主和亲。

据说这位太平公主"丰硕，方额广颐"——身材丰满，额头方正，下巴宽阔，尤其难得的是足智多谋，野心勃勃，是唐高宗最小的女儿，母亲武则天亦对之非常宠爱，常常说"类我"。如此之名声甚至传到了西域。

当时使臣论寒调傍献宝无果，吐蕃方面只好请文成公主出山。

时年她年近六旬，为平息兵灾，解救黎民，重演前朝和亲故事，特遣使入唐，再度求娶太平公主，以修旧好。

武则天哪里舍得这个宝贝女儿。她的确拥有特殊的才能，对政治具有天赋，非常善于操纵宫廷权力，审时度势亦是她的强项。她考虑到，吐蕃过于强大，唐蕃之间几次大的战役都以唐王朝的失败而告终，因此不敢拒绝和亲之议。可局势尚不至于要牺牲自己的骨肉。

"不，我不要到那里去！"

太平公主任性地说着，信手就将父皇刚刚赏赐的玉冠摘了下来。武则天见状，趁紧以手接住，并安抚道："这玉冠是绝世仅有之物。它是你的福贵，也是你的尊荣。不可不要！"

"不，我不要了。我不到那里去！"

"你放心，这人，他想要也要不去；这冠，他不给也得给！"

"真的？有这种好事？"

"莫说一顶帽子，你就是要这大唐的江山，娘也给你抢了来！"武则天心思酌定，边说边为女儿再度戴冠，"我看，就叫它太平冠吧。太平公主太平冠，事事太平，一生太平！"

"那……父皇面前如何交代？"

"娘自有办法。你外婆的冥寿将至。我以此为由，将你送入道观，带发修行，为荣国夫人祈求冥福。你变成了出家人，谁又敢冒不仁不义、不忠不孝的骂名，再提和亲之事！"

"啊！要我当道姑？我不干！"

"吾意已决，不得违抗！"

太平公主愕然，事后却也着实见识到了母后武则天的厉害。就这样，一条绞尽脑汁想出的妙计，合理而强硬地回绝了吐蕃的和亲要求。

如此之后，才有了唐高宗最终的拒绝态度。

而文成公主，只管竭心尽力，对于历史的走向并不愿插手太多，她也深知自己不能左右什么。当然她更无从获悉往后武则天临朝称制，尽管几度辅佐两个儿子中宗、睿宗，但到底还是从幕后走到了台前，过了一把皇帝的瘾……

文成公主从来就是与世无争之人，她终生信佛，到老时，仍随心选择接近自然与天机的地方安度余日，活得谦和有力。

走过人生最后的黑暗隧道，她便轻易地洞见了终极光明。

在不可测的远方，接近隧道的尾端，可以看到光——那不只是光，而是完完全全没有黑暗。它离得很远，如同仰望天空，远远地看到一颗孤星一般。但在视觉上,她很清楚,自己是通过隧道在看,身体会不自觉地被推着往前,她期待抵达它。

渐渐地,当她以极快的速度向它移动时,它变得越来越大。整个过程似乎只花了一分钟。接着,当她无限接近这个异常明亮的光时,并没有突然到达隧道尾端的感觉,而是直接融入光中。现在,隧道已经在她背后,而这个庄严、美丽的蓝白色光就在她面前。

它并不产生影子,只是异常完整,到最后,她不能看见光,因她就在光中。

安息在那方土地

尘归尘，土归土。

雅砻河谷是她最后的家园。沿着河岸向南走，目光所及之处皆是遍野的青稞和小麦，吐蕃地界浓郁而淳朴的生活气息扑面而来，微风轻轻地吹拂，麦浪翻滚，散发着沁人心脾的芳香。从泽当南行二十公里，便到了"吐蕃政权的故都"——琼结县。顺着琼结县城往西南方向继续前行，远远望去，只见蓝天白云下呈"一"字排列着形如土丘样的山包——仿若零星可鉴，但因分界不算明显，又好像一下子不能确定它们的数目，这样一顶顶倒扣的巨型王冠，与周围的山丘地形浑然一体，显得格外壮观。

如果是慕名而来，她必然会将它铭记在心；如果有向导，她一定会骄傲地说：瞧，那就是赫赫有名的古赞普墓群。

"藏王墓，是公元7到9世纪历代吐蕃赞普的陵墓群，也是西藏保存下来规模最大的王陵……"如今融入人们常识的相关内容，却在千余年的风沙雨雪中饱经考验，伤痕累累自不可免，难得的是依然巍然屹立，昂首苍穹。所以也禁不住让人往深里探思……

古代帝王陵墓一向属"禁地"，连陵区周边的围墙都靠不得，更不能在那里放牧。中国帝王陵寝差不多都离不了一个共同标准："龙穴砂少无美不收，形势理气诸吉咸备。"这就是"风水说"，草草几字，但执行起来颇有讲究，禁忌多多。帝王陵寝选址的好坏，直接影响国运的盛衰、江山的兴亡，因而格外受重视。

第八回　生命的渡口

而在吐蕃，赞普陵墓群的选址也自有其精妙之处。

它背靠穆日山（又译"木惹山"，意为增长之山），前临雅砻河，藏风纳气，亘古不变。气遇水则上，遇风则散。万物有灵的观念催生了吐蕃百姓山川自然崇拜，"天人合一"的哲学观念，更寄托了人们的生活理想。同时在风水的观念中，还常包含着一种追求优美的、赏心悦目的、自然和谐的环境思想——人与自然和谐共处，对于各朝各代来说，都是不可忤逆、势在必行的坚持。

历史的血脉不容割舍，吐蕃政权是公元前雅砻流域的悉勃野部落世系的延续，这个部落经过三十代王系、六百年的发展征战，终于在青藏高原崛起。公元元年前后，悉勃野部落便在富裕丰盈的雅砻河谷发展壮大，山南成为著名的粮仓，琼结于是成为难得的福地，汲取传承经年的圣气来庇佑后代，大概是最忠诚亦最质朴的考虑。

从外观上看，赞普陵墓有高大的封土堆，较大的墓，封土边长一百米以上，高出地表二十米到三十米。各墓封土的结构形式基本相同，以土石夯筑，选取的土质很黏稠，风干后几乎刚硬如石。至今，赞普墓河谷村庄民居的修建也与其他地方的藏式民居不太相同，他们多用湿土晒砖砌墙，而不是用石头垒墙。所以，当地优良的土质也是赞普陵墓选址的又一因素。

陵墓实际上存在东西两个分区。东陵区名为东嘎，正处在东嘎沟口位置——藏文"敦卡达"即敦卡溪口或敦卡沟口之意，"达"为沟口、溪口之意，所以文献上载明的敦卡达就是现在的"东嘎"，为同一地名的不同译音；西陵区位于穆日山北侧，所以又称穆日陵区。而一东一西相较之下，后者陵墓数量居多，封土的规模也大得多。松赞干布陵，是整个西陵区中位置最北的一座，依傍着琼结河，傲视着那独属于他的一方天地。

所以，当文成公主寿终正寝，后人便按部就班将她安放进这终结宿地——北纬29度01分，东经91度40分，方向南偏西30度，可说准确无误，她稳稳地落入他的怀抱，从此永恒依偎，永久长眠。

陪葬品或奇珍异宝，或画幅经典，或其他种种，她必定风光无限地入土为安，而那颗思乡之心，也许只有回到他的身边，才能重获丝丝慰藉吧。

《新红史》中说，文成公主墓建于（雅砻地区）青瓦达孜山；《西藏王臣记》则称松赞干布及文成公主、尺尊公主"三人遗体迎回雅砻琼结，建陵而葬之"……纵然再多种迥然各异的各家之言，事实却从来只有一个。经分析，她的安息之处亦在琼结河谷地，只是没有同赞普一起合墓而葬。

或许是鉴于她唐朝公主的高贵地位，而独辟一处；或许是对于她笃信佛法的特别关照，而另生考虑；或许她宽阔的襟怀原本便不介意何种亲密的形式，只要在他近旁就好；或许她独立的人格光芒万丈，痴痴的亲友信众不愿意更不舍得将之掩盖……

于是，在藏族人民口中、眼中和信念中，她和他依然联结在一起，如生时般灿烂。

史书《通典》中记载："（赞普墓）其墓方正，累石为之，状若平台屋。"站在赞普墓下方，抬头望去，人们仍可以看到当年的能工巧匠筑建时，夯实土层的清晰痕迹，一层层岩片排列整齐，仿佛在讲述着逝去的繁华。沿着块状和片状的薄石板镶嵌成的石梯，缓缓登上松赞干布的墓堆。石梯两侧高高低低地码起了如同农夫砌地埂样的石板，"之"字形的小路折了几个来回，一路鞋底摩擦地面发出的声音，宛如人们前进的奏鸣曲，那么真实，又那么生动。

他的墓体浑圆庞大，高约十三米，登上墓顶，但见一座"松赞拉康"。

其内，供有他本人和两位妻子文成公主、尺尊公主及大臣禄东赞、藏文创始者吞弥·桑布扎的塑像，民众焚香祭拜，常年料理，成了习惯。

其下即为真正的松赞干布墓，共分五座佛殿，装修极为豪华，大量金银财宝随葬。陵墓大门朝西南开，面向释迦牟尼的故乡，以示对佛祖的虔诚，对此，文成公主如何不安慰？左侧埋有金盔甲及珍珠，是为财产；右侧埋有纯金制作的骑士和战马，作为侍从……

往事历历在目，曾经的金戈铁马、英雄豪迈，轰轰烈烈，经世盘桓，都在这寂然与平静中定格成画面，烙印成标本，而她的温柔妩媚亦必不可少，正如他的一生因为她的参与，才更加辉煌。

其实，方形封土是汉、唐皇陵常使用的封土形制，吐蕃亦有效仿；于陵墓前立石兽、石碑——区分墓葬等级的重要标志——这种在唐代已是制度化的做法，往后（考古学家未辨明、拟名六号陵的前面就有一对石狮；赤德松赞墓前，纹饰碑文很是清晰，而赤松德赞也有记功碑）也纷纷落实可见。这无疑反映出吐蕃与中原文化的交流，同时也可看出吐蕃向唐靠拢的历史痕迹。

正如，以文成公主为纽带，松赞干布对唐朝的百般崇仰一样，吐蕃的历史着实是一部"东向发展史"。而她美丽的灵魂和坚忍的精神，亦在千年的洪荒跌宕中，淌入了雅砻血液，纳入了吐蕃情怀中。

在当地，流传着这样一个秘密，每当春夏树木葱茏、河水渐涨的时候，清冽的雅砻江会将陵墓里的宝藏一点一滴地冲刷进沿河的村庄里，一直到奔腾的雅鲁藏布江中。它不仅让赞普的臣民们、子子孙孙都有享用不尽的财宝，而且还在冥冥之中保佑着后世子孙的繁衍与昌盛……

第十九章　你们的想象让我不太一样

念了一辈子佛，自己竟成了信仰

关于文成公主的事迹，浩瀚的汉族史册并没有太多详细的记录。可是在吐蕃，她的名字不但载入史册，而且还是吐蕃历史上唯一被留下记载的赞蒙。而她，能够长期活在藏族人民心中，并不仰赖史册的表彰，主要是靠流传在民间的口头创作。

传说中的文成，既是公主，又不同于一般的公主。善于感恩的百姓赋予她许多劳动人民的气质。她，在进藏途中，怀抱羊羔，坐上牛皮筏，以坚强的毅力征服了怒江的惊涛骇浪；她，能上山打柴，会种庄稼，亲自把中原先进的农业技术传授给藏族人民……传说中歌颂的这位公主，解决了西藏日常生活中一个最重要的根本性问题——粮食问题。

一代代藏族劳动人民瞻仰、膜拜她，他们用自己的理想和愿望大大地将之美化，赋予她崇高的品质和神圣的地位，并连同那些随她一起入藏定居、功勋长存的无名英雄，一并怀想与祭奠，他们与土地一样无私，与神明一样高贵。

先喂饱胃腹，再安抚灵魂。人生中最重要的两件大事——物质和精神的耕耘，在她这里全部得到了实现与传扬，于是传说中的主角成了绿度母造像，内心信仰的女神有了永世的留存。

她不仅是西藏的救八难绿度母，而且能把称为五毒的人类行为贪、嗔、痴、慢、疑中的"疑"转成究竟圆满的智能。她总能以清凉、慈悲的光明普度众生，如慈母般怜悯有情，誓愿度脱一切众生于生死苦海之外。

绿度母在藏语中被称为"卓江"，是二十度母之主尊，是藏传佛教中最重要的度母。她的形象是：现十六岁妙龄少女相，头发绾结于顶，五佛金冠佩戴在上，一面二臂。天衣着体，上身飘幡为衣，下身重裙，内长外短，颈挂璎珞珠宝三串：第一串至胸上部，第二串至心际，第三串至脐际，耳环、手钏、脚镯等装饰尤为庄重，看起来既慈悲又雍容。双手各持莲花和结印，纤细而庄严。左手持一枝盛开着的莲花，莲花上又有两朵莲花，一朵半开，一朵未开，意味着过去、现在、未来三世均是如此虔敬地依止着佛法的誓愿而行；右手则垂于右膝上，手心向外结施愿印。左腿单盘，右脚向下自然舒展，坐在莲花台上，勇猛无比，形随众生，变幻莫测。

藏传佛教造像仪轨《造像量度经》规定："多罗菩萨像，凡佛母天女相者除非手印等差别类，其余以此式可为通用焉。"工布查布在《造像量度经续补》中记载："佛母：面相为十六岁童女相，脸形如卵或芝麻，目为微睁状，形如莲花瓣。乳房坚实不倾。头发攒系一半，向后倾斜，余发下垂，发梢过肘。手腕、脚腕、指尖、腰，都比其他像稍细，胯则宽厚。衣服庄严与菩萨像相同，即衣为云肩飘带，下裳为杂色长短重裙。庄严宝饰：宝冠，即五佛冠、耳环、项圈、大璎珞、手钏、脚钏、珍珠络腋、宝带。"

端然的仪轨、持重的经纶，就在这一刀一笔之下凛然成形，汇纳着淳朴而深邃的敬意。而在唐卡造像中，绿度母的尺度要求更严格。首先画基线和头部线，然后顶髻十指，发高三指，发际至下颌一面部（宽），颈三指，腰间一面部，脐一面部，小腹三指，私处一面部，主峰八指，足高四指，又四指，总之纬线九条。基线右边留六指为腋线，留一面部为肘线和留六指为腕线，留六指为手顶线，基线左边依次留六指和一面部为臂线，留六指为膝外线，总之经线八条。如此细致甚至精微的描绘，对画匠技师无疑是一种考验，也是一道修行。

而她无论在世、在塑像、在唐卡中，都如一象征着生命和希望。身似翡翠，绿意盎然，示喻着如绿地肥壤般的慈德，具足养分、灵气而生长万物。

一般凡夫钻营私利，修养不足，失德败行，招致身心，受难受障，宛如荒土，萧索凋萎，毫无绿意，必须克服此等业障，才能与绿度母相应。

在西藏，出于对文成公主的感念与敬重，人们几乎把她与绿度母完全等同，甚至因佛教始由她弘传，更觉得再怎么崇奉她都不为过。《西藏王统记》里这样描述："身具兰麝芬芳。常有翠绿小蜂，飞绕其前。右颊上有骰子点纹，左颊上有莲花纹，额间有一黄丹圆圈，内现度母圣像。"

她是文明的使者，是镇伏卧塘女魔的灵魂人物。

经世沧桑已过，西藏对于文成公主的传诵仍保持着那份原始而丰富的热忱，雕琢有塑像，手绘有唐卡，载记有史书，刻画有壁画，表演有藏戏，传唱有民歌，谈说有谚语……而这一切不过是为了回馈她带来的无上恩德。

松赞干布脱下毡裘，换上纨绮，不仅在吐蕃大地上成全了她的传法之梦，而且与之执手，共同创造了吐蕃史上不可超越的辉煌与繁荣。

公元7世纪40年代末，大昭寺四周先后建起十八处旅馆，供远道而来朝佛的人借宿。慢慢地，也在寺庙附近修建了一些居民房子，有些外地人也在逻些定居下来。这样，逐步形成了以大昭寺为中心的八角街旧城区的雏形。

如今这里非常繁华，风韵亦与当年迥然相异，但永恒寂静的终只她一人：念了一辈子佛，自己竟成了别人的信仰……

藏族百姓为她着迷了千百年

从幽静而绵长的古道中走来,从壮阔而璀璨的历史中走近。今天的西藏,早已经历百转千回的跌宕与蜕变,带着文成公主亲身滋养过的有致模样,洋洋洒洒壮阔成一片净土,一座接近天堂的家园。

青藏公路上,旧时每百里一驿站的设置,已幻化作过路人陈年的惦念,来往的互访使者,也已适应了新的接迎习俗,唯剩下成批的丝麻、首饰、农具、茶盐等物资,仍无可隐藏或如常招摇地由牛车驮载,履行着商旅们信仰式的质朴使命,好似千百年之间,悠悠地,这频率从未停息。

一张张淳朴的脸庞,一个个淳厚的藏族百姓,丝毫不脱离这蓝天之下、雪山之旁的自然灵性,而这里,即便满载着世俗意义上的贸易,却依然圣洁如初。

的确,对于藏族百姓而言,精神的追求无疑是至高无上的,日常生活的琐碎、生存条件的严酷似乎和潜心敬意的祷告并没有冲突和矛盾,他们总能轻易保持对神灵的供奉,坚定而安然地增进着三世的福祉。

当内地的人们企图将超越红尘的佛教与俗世中的交易原则接轨,把招财进宝、升官加爵作为礼佛的动机,当他们以潦草的虔诚面对神灵,算计着对神灵的投入产出比,藏族百姓始终保持着风马旗一般朴实无华却永不褪色的宗教冲动。他们崇拜黄金,却将所有的黄金涂抹在寺庙的金顶上,自己却在道路上行乞……他们对内心的索求永远甚于对现实的索求。

文化学者祝勇在《西藏：远方的上方》中，以此般谦恭而崇敬的姿态，将西藏的人文与自然风情浸润在他的一字一句中。

不过，世代居住在高原上的藏族百姓们可不关心这些，他们只关注并深谙民族节日的庆祝、家庭生活的打理和自我世界的秩序。

众所周知，西藏是世界上节日最丰富的地区之一。从藏历新年开始，萨嘎达瓦节、雪顿节、望果节、降神节等排布而至，它们大都与宗教有着密切的关系，其中自然也映现着文成公主的影子。

而独属于文成公主的节日，就有两个：其一为藏历四月十五日——萨嘎达瓦节，是她到达拉萨的日子；其二为藏历十月十五日，相传是她的诞辰。

颇有妙趣和深意的是，这两个节日，一个对应了佛陀释迦牟尼的降生、成道和圆寂之日，一个又对应了藏族的"妇女节"或说"情人节"——白拉日珠节。

"萨嘎达瓦"，藏语意为氐宿月——氐宿是藏历星相二十八星宿之一，在藏历四月出现，因此这个月叫氐宿月，即"萨嘎达瓦"月。按藏传佛教传统，这是佛事活动频繁的"佛月"。而四月十五日，就是为期一个月的萨嘎达瓦节中最重要的一天。

这天，从凌晨三时开始，虔诚的朝佛者就踏着月光上路了。七时半，大昭寺向朝佛者开放，数万名藏族民众先后从四面八方拥向位于拉萨老城区中心的大昭寺，沿释迦佛殿回廊转经，藏语叫"朗廓"，也即"内圈"。转经人群离开寺内，再环大昭寺绕行一周，称为"八廓"，意思是"中圈"。

皓首老人是肃穆的，他们把毕生的虔诚全数献出，回报佛陀与文成公主的恩慈；着装时髦的年轻人是认真的，他们刚刚踏上这条神圣的归属之途，小心地把心间的信义诉说给一步一举的仪式，而后静待内心安和。

最长的转经路是围绕整座布达拉宫而转的，称为"林廓"，意为"外圈"。林廓南路上的场面蔚为壮观：盛装下的藏族民众扶老携幼，排着长长的队伍，沿宽阔的人行道缓缓西行，一边走，一边不停地念颂六字真言。

对于藏族百姓来说，好像日子本身就是宗教性的，平时重于勤勉地劳作，这一天便放下一切俗务，斋僧礼佛、朝圣敬香、禁屠封斋、放生施食，专事转经，对灵魂的事业做一检省，再继续回到人生前行路中。

时隔半年，西藏又迎来了白拉日珠节。这是广大藏族妇女最为喜爱的一个节日。

"白拉日珠"意为吉祥天母（又称吉祥天女）游幻节，在当天，妇女们隆重礼拜藏密中一位重要的女性护法神——吉祥天母，以求婚姻美满、生活幸福。

关于这个节日的起源，较为主流的民间传说有两种：第一种是三女儿说。传说班丹拉姆、白巴东孜、白拉姆原本是吉祥天母的不同现身，而在拉萨的传说里班丹拉姆成了妈妈，白巴东孜则成了大女儿。据说班丹拉姆这位母亲性格十分古怪且不近人情，她阻挠了大女儿白巴东孜的婚姻，将女婿赤尊赞驱赶到拉萨河对面的次觉林村，后经白巴东孜再三哀求，这位大昭寺的护法神才答应一年中仅在十月十五日，允许白巴东孜和赤尊赞隔河遥望，因此这一天也就有了拉萨的"情人节"之称。

另一种说法是班丹拉姆降伏说。据说班丹接姆是一位至丑又至美的女性护法神，她年轻时十分漂亮且风流，一次父亲因她行为放荡便将其锁了起来，在母亲的帮助下，她骑着骡子逃跑，父亲发现后追赶不及，一箭射中骡屁股。拔下箭后，骡屁股上的箭孔变成了一只眼睛，所以这只骡子俗称"骡子天王"，具有神风足、鼓风翼和神行为三大神通。她逃走后嫁给了罗刹国王，后来在佛的感召下皈依佛法。

这两种传说虽然背景、人物各不相同，但其寓意却十分明显，藏族妇女都希望能在白巴东孜和班丹拉姆这两位感情历程不顺利的女神庇佑下，祈求一份美好的姻缘。

而这两种说法与文成公主纪念日之一的契合，更印证了女性心中对于自由和平等的热望。旧社会西藏妇女的地位一直屈居于男人之下，而拉萨地区女性较早改变了这种情状，许多家庭的财政收支都由女主人管理，文成公主这样一位不凡的女子早已是她们的榜样了。

她是公主，也是妃子。

繁华的长安城，洒满了她的少时光阴，风沙漫漫的唐蕃古道，缅怀着她最远的成长旅程，日渐兴盛的逻些城成就了她的第一个作品，而中国最大、世界海拔最高的青藏高原是她一生的乐园和最后的归宿。

和亲之缘，让一个唐朝的女儿，顺遂着历史舞台、光阴脉搏，伴着人们的痴心着迷和执着纪念，在这高天厚土之上灵动至今。在这里，佛国与尘世、精神与现实、宁静与喧闹自如切换，而她永远是那不朽的传奇人物！

主要参考文献

[1] 司马光. 资治通鉴[M]. 北京：中华书局，1956.

[2] 欧阳修，宋祁. 新唐书[M]. 北京：中华书局，1975.

[3] 刘昫. 旧唐书[M]. 北京：中华书局，1975.

[4] 白居易. 白居易诗集校注[M]. 北京：中华书局，2006.

[5] 王尧. 走近藏传佛教[M]. 北京：中华书局，2013.

[6] 索南坚赞. 西藏王统记[M]. 刘立千译注. 北京：民族出版社，2000.

[7] 五世达赖喇嘛. 西藏王臣记[M]. 刘立千译注. 北京：民族出版社，2000.

[8] 才让. 藏传佛教信仰与民俗[M]. 北京：民族出版社，1999.

[9] 张怡荪. 藏汉大辞典（上册）[M]. 北京：民族出版社，1993.

[10] 廖东凡. 拉萨掌故[M]. 北京：中国藏学出版社，2014.

[11] 黄明信. 吐蕃佛教[M]. 北京：中国藏学出版社，2010.

[12] 聂晓阳. 微观西藏[M]. 北京：商务印书馆，2012.

[13] 巴卧·祖拉陈哇. 贤者喜宴[M]. 黄颢译. 北京：中国社会科学院民族研究所，1989.

[14] 尕藏加. 吐蕃佛教：宁玛派前史与密宗传承研究[M]. 北京：社会科学文献出版社，2007.

[15] [英]崔瑞德. 剑桥中国隋唐史. 589—906[M]. 北京：中国社会科学出版社，1990.

[16] [英]凯伦·阿姆斯特朗. 佛陀[M]. 贤祥译. 北京：生活·读书·新知三联书店，2014.

[17] 谭力，黄志龙. 文成公主[M]. 北京：作家出版社，2001.

[18] 樊崇义. 证据法学[M]. 北京：法律出版社，2001.

[19] 王东，张耀. 冲出高原：吐蕃王朝传奇[M]. 北京：中国国际广播出版社，2012.

[20] 恰白·次旦平措，诺章·吴坚，平措次仁. 西藏简明通史[M]. 陈庆英译. 北京：五洲传播出版社，2012.

[21] 周止礼. 西藏社会经济研究蠡测[M]. 北京：北京财贸学院《学报》编辑部，1979.

[22] 班钦索南查巴. 新红史[M]. 黄颢译. 拉萨：西藏人民出版社，1984.

[23] 顿珠拉杰. 西藏本教简史[M]. 拉萨：西藏人民出版社，2007.

[24] 金书波. 从象雄走来[M]. 拉萨：西藏人民出版社，2012.

[25] 王忠. 松赞干布传[M]. 上海：上海人民出版社，1961.

[26] 张鹰. 传统建筑[M]. 上海：上海人民出版社，2009.

[27] 张鹰. 西藏服饰[M]. 上海：上海人民出版社，2009.

[28] 和琳. 续修四库全书（史部地理类）·卫藏通志[M]. 上海：上海古籍出版社，1896.

[29] 吴兢. 贞观政要[M]. 上海：上海古籍出版社，1978.

[30] 胡戟，齐茂椿. 重走唐蕃古道：接文成公主回娘家[M]. 西安：陕西师范大学出版社，2007.

[31] 崔永红. 文成公主与唐蕃古道[M]. 西宁：青海人民出版社，2008.

[32] 杨辉麟. 佛界——神秘的西藏寺院[M]. 西宁：青海人民出版社，2007.

[33] 布顿·仁钦珠. 布顿佛教史[M]. 蒲文成译. 兰州：甘肃民族出版社，2007.

[34] [印度] 阿底峡尊者. 西藏的观世音[M]. 卢亚军译. 兰州：甘肃人民出版社，2001.

[35] 萨迦·索南坚赞. 王统世系明鉴[M]. 陈庆英，仁庆扎西译注. 沈阳：辽宁人民出版社，1985.

[36] 韩敬山. 金顶下的拉萨：一座文化城堡的历史脉迹[M]. 广州：广东旅游出版社，2009.

[37] 陈庆英, 高淑芬. 西藏通史[M]. 郑州: 中州古籍出版社, 2003.

[38] [德]莫尼卡·格赖芬·冯·鲍里斯. 文成公主入藏记[M]. 香港: 商务印书馆, 2000.

[39] 索甲仁波切. 西藏生死书[M]. 郑振煌译. 杭州: 浙江大学出版社, 2011.

[40] 祝勇. 西藏·远方的上方[M]. 沈阳: 辽宁教育出版社, 2006.

[41] 阿旺次仁. 简述藏族天文历算中的汉藏文化交流[J]. 西藏研究, 1993（2）: 108-109.

[42] 张慧. 吐蕃时期赞普的婚姻与继承: 吐蕃史读书札记[J]. 西藏研究. 1993（1）: 51-59.

[43] 才秀嘉. 煨桑[J]. 西藏人文地理, 2006（4）: 114-115.

[44] 次仁潘多. 试析松赞干布时期的法律[J]. 西藏大学学报, 2007, 22（3）: 44-46.

[45] 宗喀·漾正冈市, 拉毛吉. 探究藏族传统天文历算的渊源[J]. 西藏大学学报, 2011, 26（2）: 81-82.

[46] 张天锁. 西藏古代农牧业生产技术概述[J]. 西藏民族学院学报, 1998（1）: 16.

[47] 朱普选. 拉萨古城形成的历史地理初探[J]. 西藏民族学院学报, 1992（3）: 58-59.

[48] 白文. 法门寺地宫八重舍利宝函上的毗卢遮那佛的图像研究[J]. 文物世界. 2010（1）: 22-31.

[49] 班班多杰. 藏传佛教与汉地佛教初传时期的再比较[J]. 西北民族大学学报, 2006（5）: 1-4.

[50] 包寿南. 汉藏关系史的重要一页: 唐蕃使臣往还述要[J]. 西北民族大学学报, 1980（1）: 17-24.

[51] 包莉秋. 从唐代诗词的女性服饰描写看唐代社会审美情趣的流变[J]. 社会科学家, 2006（3）: 25-28.

[52]本刊编辑部.文成公主:最成功的女外交官[J].当代人·历史解密.2011(2):97-100.

[53]崔明德,林恩显.论中国古代和亲的类型、特点及其它[J].民族研究,1995(5):44-52.

[54]发现之旅.藏王墓考[J].走近科学,2007(5):24.

[55]韩星海.一宫两寺忆公主[J].柴达木开发研究,2008(3):25.

[56]李明,袁疏莉.汉画对唐卡绘画风格影响演变考[J].宜宾学院学报,2007(1):44.

[57]李南.论度母[J].南亚研究,2000(2):59.

[58]刘宝银.松赞干布和文成公主墓陵考[J].中国民族,1988(11):47.

[59]刘先照.文成公主与大昭寺、小昭寺[J].中国民族,1983(6):33.

[60]任新建.藏族文化构建中对汉文化的吸收与整合[J].中华文化论坛,1994(2):27.

[61]孙顺华.唐朝妇女观之嬗变与社会政治[J].文史哲,2000(2):100-105.

[62]王仁湘,郭幼安等.西藏琼结吐蕃王陵的勘测与研究[J].考古学报,2002(4):472.

[63]王尧.文成公主死于痘症[J].历史研究,1982(4):77.

[64]臧嵘.茶之路(七):随文成公主入藏[J].文史知识,2001(3):70.

[65]张强民,何鸿.心灵关照:藏传佛教唐卡管窥[J].上海工艺美术,2001(1):112.

[66]周敦友.布达拉宫[J].法音,1985(5):29.

[67]楼培敏.佛教造像的宗教和艺术意义[J].长沙水电师院学报,1990(3):79.

[68]孙娟、达瓦次仁.蹚过历史的河,歌谣传唱永恒:与西藏民间艺术家协会副主席张宗显谈文成公主歌谣[J].新西藏,2014(4):29.

[69]杨惠玲.唐五代宋初的敦煌丧俗研究[D].兰州：西北师范大学文学院敦煌学研究所，2003：46-47.

[70]李文实.中国历史上唐与吐蕃的关系[A].史念海.唐史论丛（第三辑）[C].西安：陕西人民出版社，1987：285-286.